A LA LLUNA DE VALÈNCIA

Edicions BROMERA

Assessors de la col·lecció:
*Jeremies Barberà i Salvador Bataller*

TÍTOLS PUBLICATS:

1. EL CRIM DE LORD A. SAVILE. EL FANTASMA DELS CANTERVILLE. *O. Wilde*
2. AMO DEL MÓN. *Jules Verne*
3. SHERLOCK HOLMES I ELS PLÀNOLS DEL *BRUCE-PARTINGTON*. *A. Conan Doyle*
4. EL FANTASMA QUE PAGAVA LLOGUER. *Henry James*
5. EL CAVALLER DE LA CARRETA. *Chrétien de Troyes*
6. L'ESCARABAT D'OR. *Edgar Allan Poe*
7. EL DIABLE DE LA BOTELLA. L'ILLA DE LES VEUS. *Robert L. Stevenson*
8. UNA HIVERNADA ALS GELS. *Jules Verne*
9. ELS CORSARIS DE LES BERMUDES. *Emilio Salgari*
10. LA METAMORFOSI. *Franz Kafka*
11. LA BUTACA MALEÏDA. *Gaston Leroux*
12. LA VENJANÇA DE MAIWA. *Henry R. Haggard.*
13. LA CRIDA SALVATGE. *Jack London*
14. EL CAS MISTERIÓS DEL DOCTOR JEKYLL I EL SENYOR HYDE. *R. L. Stevenson*
15. ELS PORQUETS. *Alphonse Allais*
16. EL PEU DE LA MÒMIA. ARRIA MARCELLA. *Théophile Gautier.*
17. SHERLOCK HOLMES I EL CONSTRUCTOR DE NORWOOD. *A. Conan Doyle*
18. L'INGENU. *Voltaire*
19. TOM SAWYER, DETECTIU. *Mark Twain*
20. EL CREUER DEL DAZZLER. *Jack London*
21. GULLIVER A LIL·LIPUT. *Jonathan Swift*
22. EL REI DELS ÓSSOS. *James Oliver Curwood*
23. VANINA, VANINI. *Stendhal*

*La present obra és traducció directa i íntegra del text anglés The Golden Bug.*



1a edició: *maig, 1988*
6a edició: *novembre, 1992*

Fotocomposició: *Germania - Alzira*
Imprés a: *A. Cuenca - Alzira*
I.S.B.N.: *84-7660-020-8*
D.L.: *V-3366-1992*

# L'ESCARABAT D'OR

## Edgar Allan Poe

Traducció, introducció i notes
Gerard Bataller

Il·lustracions
Ferran Boscà

# INTRODUCCIÓ

Tot autor és producte d'una època i d'unes circumstàncies personals que l'envolten. En aquest cas, Edgar Allan Poe (1809-1849) participa d'un temps de grans canvis i d'esdeveniments molt diversos. Tractarem de fer-ne una breu síntesi que ajude a comprendre l'autor i la seua obra.

## 1. Context històrico-social

### 1.1. La independència dels Estats Units

L'intent del Parlament britànic d'imposar a les colònies americanes càrregues fiscals (1765) provocà protestes generals. Així, la relació amb la corona britànica es deteriora i, després d'una sèrie de batalles per la independència, es produeix la capitulació britànica de Yorktown el 1781. Mentrestant, el segon Congrés Continental havia declarat la independència el quatre de juliol del 1776, la qual fou reconeguda pel Tractat de París (1783) que posà fi a la guerra.

Les tretze colònies que formaven l'antiga possessió britànica de Nova Anglaterra s'organitzaren en una fórmula institucional caracteritzada pel federalisme, la separació de poders, i el presidencialisme, amb el nom d'Estats Units d'Amèrica.

El 1787, delegats dels tretze estats (simbolitzats en les tretze barres de la bandera americana) redacten la primera Constitució política escrita de la Història, no obstant això no tenen un sentiment d'unitat.

Una nova guerra (1812-1814) contra Anglaterra, la coneguda com Segona Guerra de la Independència, augmenta el poder de la nova nació.

En uns trenta anys, la població es duplica i el nombre d'estats passa de vint-i-tres, el 1820, a trenta-tres, el 1860.

Virgínia, estat on transcorren els primers anys de l'autor, que tanta influència tindrien sobre ell, fou el primer a declarar-se independent (1776) i un dels que van influir més en la creació dels EUA.

1.2. L'epopeia americana

Durant la primera meitat del segle XIX, la marxa cap a l'oest, va xocar contínuament amb la resistència dels indis d'Amèrica del Nord. Malgrat tot, la frontera es desplaçava ràpidament cap a l'oest, expulsant i quasi exterminant els indígenes.

El pas del temps i els fets històrics anaven donant cohesió i modelant l'amalgama d'habitants d'aquests grans territoris; ara l'americà creu que tot és possible, i allò que no es pot fer en un lloc, es pot realitzar, segurament, un poc més lluny, cap a l'oest. Sorgeix el nou caràcter americà, mescla de puritanisme, desconfiança rural i iniciativa aventurera.

1.3. Desenvolupament econòmic

Els mètodes agrícoles continuaven com en l'època colonial, encara que s'efectuaven experiments amb adobs, alteració de conreus, nous instruments, etc.

Els governs dels Estats i el govern federal facilitaven l'expansió agrícola amb la distribució de terres a particulars.

Malgrat el predomini de l'agricultura, els EUA de finals del segle XVIII, ja comptaven amb una comunitat comercial considerable, manufactures en augment i ciutats poblades per artesans i per treballadors.

Els EUA, que s'havien mantingut neutrals i tenien una gran experiència en la construcció naval, es van veure afavorits per les guerres napoleòniques.

A principis del segle XIX, els transports per carretera, les vies d'aigua natural, els canals i, finalment els ferrocarrils, contribuïren enormement a la unió amb les regions més allunyades i a la creació de nous mercats.

1.4. La crisi de l'esclavitud

El nucli esclavista més gran del món modern fou el de les colònies angleses d'Amèrica del Nord. Als darrers anys del segle XVIII, i gràcies a la invenció de la màquina separadora de les fibres tèxtils del gra de cotó, es facilita l'abolició de l'esclavitud. Malgrat això, els estats del sud, caracteritzats per grans explotacions agrícoles, s'oposen al retallament dels seus privilegis.

2. Context Literari

Literàriament, a partir de la independència (1776), es percep una progressiva maduració.

L'«Edat daurada» (1830-1890) en la literatura dels EUA comprén els escriptors considerats com a clàssics nacionals per al segle XX; és a dir, d'Edgar Allan Poe a Mark Twain.

Coetanis de Poe, són una sèrie d'escriptors que reflecteixen la jove i nova nació. Entre ells destaquen Ralph Waldo Emerson (1803-1882), Henry David Thoreau (1817-1862), Russell Lawell

(1819-1891) i Theodore Parker que formen «l'escola transcendentalista», caracteritzada per l'espiritualisme, l'idealisme i el sentit religiós, acostant-se, de vegades, al que resulta idíl·lic i utòpic.

La novel·la nord-americana comptarà amb Washington Irving, l'autor de *Els contes de l'Alhambra*, James Fenimore Cooper (1789-1851), autor de *El darrer dels mohicans*, Nathaliel Hawthorne (1804-1864) creador de *La lletra escarlata*, i Herman Melville (1819-1891) amb *Moby Dick*, el qual aporta a la literatura mundial una de les seues obres més rellevants.

En poesia, excel·leixen Henry Wordsworth Longfellow (1807-1882), O. W. Holmes (1809-1894) i sobretot Walt Whitman, amb *Fulles d'herba* el qual encarna la veu de Nord-Amèrica.

3. Biografia

La vida i la personalitat de Poe han atret l'atenció quasi tant com els seus escrits. L'han descrit com a «sadomasoquista», alcohòlic, drogaaddicte, i maníac depressiu. És prou segur que Poe era un desequilibrat i un home turmentat i que molts dels seus personatges, sovint, s'aproximaven a la bogeria. Quan va escriure sobre els efectes de la mort de Virgínia, esposa i cosina de l'autor, digué: «Em vaig tornar foll, amb llargs intervals d'enteniment».

3.1. Infantesa

Edgar Poe, més tard Edgar Allan Poe, va nàixer a Boston el 19 de gener de 1809, al si d'una família d'actors ambulants. El pare, alcohòlic i tísic, morí molt prompte i deixà com a herència l'alcohol, fet que marcà els seus tres fills, i que obsessionà Edgar.

Setmanes després del seu naixement, la seua mare deixà el fill major amb uns parents i es traslladà al sud, a Norfolk (Virgínia) on naix Rosalie Poe. La misèria i la malaltia, la van portar a la mort. Edgar es quedà orfe abans de complir tres anys, fou afillat per la família Allan a Richmond, que el va educar com un cavaller del sud, encara que mai no fou adoptat legalment.

Per comprendre el caràcter de l'autor, cal tenir en compte dues característiques de la seua infància: la importància psicològica i afectiva que té per a un xiquet el fet de saber que no té pares i que viu de la caritat dels altres, i la residència al Sud. Virgínia, en aquella època, representava l'esperit sudista. Als seus escrits es reflecteix l'ambient que l'envolta: dides negres, criats esclaus i un folklore on els apareguts, els relats sobre cementeris i els cadàvers que deambulen hi són freqüents.

John Allan, el seu quasi involuntari protector, era un comerciant escocés emigrat a Richmond, que, entre altres activitats, tenia la representació de revistes britàniques. En les seues oficines, Edgar s'afeccionà a les lectures de Byron, la poesia de Wordsworth i les novel·les i els contes de terror. També allí escoltava les aventures dels mariners, dels tresors, etc., que després apareixeran en la seua literatura.

El 1815 marxa a Anglaterra i a Escòcia on estudia fins el 1820 que retorna a Richmond, on escriu els seus primers versos.

3.2. Adolescència

Cap al 1823 ó el 1824, Edgar escriu versos a les amigues de la seua germana Rosalie, adoptada per una altra família de Richmond.

Enamorat platònicament de Mrs. Stanard, li dedica *To Hellen*, davant la tomba de la qual plora freqüentment després de la seua mort.

Té problemes amb John Allan i ingressa a la Universitat de Charlottesville on, separat del seu amor, Elmira Royster, comença a beure, a jugar i a contraure deutes fins que John Allan el trau d'allí.

El 1827, se'n va de casa després de discutir amb John Allan.

La necessitat l'obliga a enrolar-se en l'exèrcit.

3.3. Joventut

Abans d'entrar a West Point, contacta amb editors i es refugia amb la seua tia Clemm a Baltimore. Cansat de la mediocritat militar, el 1831 es fa expulsar de l'Acadèmia, però abans aconsegueix, amb l'ajuda d'un coronel, que els cadets paguen per subscripció el seu nou llibre de versos, compost durant la seua breu estada a West Point. Tot el món imaginava un llibret ple de versos satírics i divertits sobre l'Acadèmica, en canvi es trobaren amb *Israfel*, *To Helen* i *Leonor.*

Després d'aquest fet, torna a casa de la seua família de Baltimore i es dedica al relat com a gènere més fàcil de vendre. Fruit d'aquest plantejament, el 1833, és premiat i admés en els cercles literaris, encara que foren temps de treball penós i de misèria.

Després de la mort de John Allan, que no li deixa res, es casa el 1835 amb la seua cosina Virgínia Clemm, de tretze anys. Aquest mateix any, s'incorpora a la *Southern Literary Messanger*, d'on és separat per culpa del seu alcoholisme i la seua drogaaddicció.

La família Poe s'instal·la a Nova York i, després, a Filadèlfia, on Edgar es dedica a fer faenes per a editorials de segon ordre.

3.4. Maduresa

És assessor literari, col·laborador i crític del *Boston's Magazine.*

Entre el 1841 i el 1842 sextuplica l'edició del *Graham's Magazine*, on, entre moltes d'altres coses, va obrir un concurs de criptografia.

Aquesta època és també fruit de grans depressions i recaigudes en els seus vicis a causa de la malaltia de la seua esposa Virgínia.

Una borratxera li fa perdre una entrevista amb el president dels Estats Units. Escriu molt i és premiat per *L'escarabat d'or* el 1843.

El 1844, torna a Nova York i durant aquest període s'assenyala el ressorgiment del poeta en Edgar. En aquest mateix any entra a treballar a l'*Evening Mirror.*

Un anys després, el 1845, té lloc la reedició augmentada dels seus contes; la seua fama ultrapassa les fronteres. Els recitals i les conferències se succeeixen. Però les acaballes del 1845 marquen també el final de la producció de Poe. Els millors contes, i quasi tots els grans poemes, ja han estat escrits.

El 1847, mor Virgínia i Poe cau en el deliri. Els seus moviments en aquests últims temps són complicats, variables i, de vegades, desconeguts.

### 3.5. Final

Escriu les seues darreres obres entre xarrades i conferències.

Envia cartes desesperades a Sarah Helen Whithman i a Annie Richmond, com si no pogués viure sense elles. A Richmond, concerta el seu matrimoni amb Elmira, enamorada de la seua adolescència, ara viuda.

El 7 d'octubre del 1849, mor a Baltimore, abans d'anar a Filadèlfia.

## 4. Obra

Hi ha hagut avaluacions molt diferents de la significació literària de Poe, des de la qualificació d'Emerson que l'anomena «*the jingle man*» fins a la declaració de Yeats que el considerava un gran poeta líric.

4.1. Obra poètica

Segons el mateix autor, la seua veritable vocació era la de poeta i si va escriure contes va ser per necessitats econòmiques. Avui la seua obra poètica es considera estimable i, segons Antonio Machado, precursora de la poesia moderna.

Començà des de l'adolescència a escriure versos als seus amors platònics *Tamerlane and Other Poems* , *To Hellen* i d'altres.

El 1845, el poema «El corb» obtingué un èxit sense precedents i la seua tornada «Never more» (Mai més) començava a inspirar a actors i a pintors. Però, Poe demostraria en *The poetic principle* (El principi poètic) que «El corb» no era el resultat d'una inspiració genial, sinó d'una construcció conscient a partir de certs efectes vocàlics. La forma es convertia així en essencial. Poe ix del Romanticisme i preludia «l'art per l'art» i l'objectivitat literària.

La seua reputació als EUA fou mediocre durant molt de temps. La seua fortuna literària es desenvolupà a l'estranger. Edgar Poe, traduït per Baudelaire, Mallarmé i Valéry es convertí en el prototipus del poeta maleït. Els Estats Units, escrigué Baudelaire, «no foren per a Poe més que una vasta presó que recorregué amb l'agitació d'un ésser fet per a respirar en un món més normal que el de la gran barbàrie enllumenada amb gas; la vida interior i espiritual de poeta, i fins i tot de borratxo, era un esforç per fugir d'aquella atmosfera antipàtica».

4.2. Obra periodística

Els seus primers treballs com a escriptor no foren reconeguts i el forçaren a treballar en periòdics i revistes. Ací, assolirà fama i renom com a crític literari agut, lúcid i insubornable. Les millors revistes reclamen la seua col·laboració, i la seua firma farà que augmente la tirada de les publicacions on participa.

4.3. Obra narrativa

Poe fou conegut, sobretot, com a narrador de contes, en els quals s'uneix a una imaginació de cert regust macabre o demoníac, la utilització de la ciència-ficció, i prefigura algunes tendències de la literatura del segle XX.

La seua narrativa va seguir, sobretot, Hoffmann en allò que podríem anomenar «tema meravellós», però va arribar a una major intensitat que aquell, gràcies, segurament, al seu vessant racionalista.

En el suspens i l'entrellat dificultós, però sempre coherent, de moltes de les seues obres, s'hi ha volgut veure els orígens de la novel·la detectivesca (precedent de Conan Doyle —Sherlock Holmes— i Agatha Christie).

Com hem dit abans, en les seues obres es troben els temes del sud: obsessió malaltissa d'un crim familiar, divorci purità del bé i del mal, obstinació per la impotència sexual i l'alcoholisme... En Poe es troba tot allò que caracteritza la literatura del sud fins a Faulkner: la preocupació per «l'agonia i la retòrica».

La producció narrativa comprén els relats dominats pel terror, la presència de l'element sobrenatural, la preocupació metafísica, el gust per l'anàlisi, relats que inclouen la filosofia de Poe sobre el paisatge, estampes grotesques, i contes de caràcter satíric.

La seua vida es reflecteix en les seues obres; així, *William Wilson* relata el pas de Poe per la Universitat de Virgínia.

El 1827 se'n va de casa, i aquesta fuga és descrita al principi de la novel·la *Gordon Pym*.

Com a soldat, visqué a Carolina del Sud, lloc on situa l'acció de *L'escarabat d'or.*

Davant l'oferta d'un periòdic local d'un premi de cent dòlars per un relat, les seues necessitats econòmiques fan que envie sis textos i guanya el premi amb *Manuscrit trobat dins una ampolla* (1833).

Com tots els seus contemporanis, se sentia fascinat pels fenòmens elèctrics i magnètics, per les ciències en el límit entre la física i l'espiritisme, la criptografia, la medicina, l'astrologia... El 13 d'abril del 1844, el *New York Sun* deia, amb grans títols: «¡L'Atlàntic creuat en tres dies per una màquina voladora!», es tractava d'un conte de Poe, titulat *La notícia sensacional d'El Globus*, que apareixia com si fos una notícia real.

En *La nit mil dues de Scherezade* reuneix totes les meravelles del món modern.

En *El misteri de Marie Rogêt*, o en *El jugador d'escacs de Maelzel*, Poe contava casos cèlebres. Això el portà a convertir-se en l'inventor de la novel·la policíaca, aquella que ell anomenava contes de raciocini: *La carta robada*, *Els assassinats del carrer Morgue* i *L'escarabat d'or.*

Pioner de la ciència-ficció i de la novel·la policíaca, Poe, amb obres com *El barril de l'amontillado* i *Hop-Frog*, intentava oblidar la seua pròpia neurosi.

Però, les preocupacions financeres, les fugides i l'alcoholisme li inspiraren contes de terror: *L'enfonsament de la casa Usher*, *El pou i el pèndul*... El conte de Poe és el terme contrari del conte clàssic de terror: en lloc de llançar un individu normal a un món inquietant, l'autor llança un individu inquietant a un món normal.

Amb *L'escarabat d'or* guanya el premi del *Dollar Newspaper* (1843), instituït per al millor relat en prosa. Aquest conte arribarà a ser el més famós de tots els seus. És una mescla molt encertada del Poe analític amb el de l'aventura i el misteri.

5. Breu valoració de *L'escarabat d'or*

L'acció se situa a l'illa Sullivan, prop de Charleston, a Carolina del Sud, al voltant de 18...

Legrand i el seu criat Júpiter troben un escarabat d'un gènere desconegut. Per una sèrie de circumstàncies fortuïtes, uns criptogrames eixiran a la llum. La resolució d'aquest enigma es caracteritzarà pel rigor quasi matemàtic dels raonaments del seu protagonista.

Legrand, protagonista de l'obra, utilitza la deducció analítica com a mètode d'investigació.

L'escarabat d'or i la calavera, malgrat tota la suggestió màgica i macabra, actuen simplement com a eines per a localitzar un enterrament.

Com diu Baudelaire, Poe lliga ací la lògica més estricta amb la fantasia més fabulosa.

6. Estil

L'estil d'aquest autor s'ha definit com una fusió de misteri i de matemàtiques.

La perfecta dosificació entre allò creïble, familiar, realista i estrany, sinistre o anormal, en són un bon exemple en *L'escarabat d'or.*

Dues característiques molt persistents en Poe: la tendència quasi absoluta perquè l'acció s'esdevinga en ambients tancats, i el gust obsessiu per la morbositat, no es donen massa en aquesta obra.

Combina l'humor, representat per Júpiter, el càlcul matemàtic de Legrand i l'amistat paternalista del tercer personatge, el narrador.

És un text sobri, sense massa retòrica, però amb un cert artifici.

7. Transcendència de l'obra de Poe

L'obra de Poe, a més d'haver-se traduït a diferents idiomes, ha passat, també, a la imatge cinematogràfica i la televisiva.

Entre 1960 i 1965 el director Roger Corman va realitzar més de nou pel·lícules sobre l'obra de Poe, algunes de les quals van ser emeses per primera vegada per TVE gràcies al cicle que li va dedicar el 1976 i, d'altres, estrenades a l'Estat espanyol en la dècada dels vuitanta.

G.B.
La Pobla del Duc
(La Vall d'Albaida, 1988)

# BIBLIOGRAFIA

POE, Edgar Allan. *The complete tales and poems*, Penguin Books, 1984. (Pròleg i text original pp. 42-70).

BÉRTOLO CADENAS, Constantino. Apèndix a «La narración de A. Gordon Pym», Edgar Allan Poe, Madrid, Editorial Anaya, 1982.

CORTÁZAR, Julio. Pròleg de *Cuentos/1*, Edgar Allan Poe, Madrid, Alianza Editorial, 1986.

HUCHINSON, W. R. *Historia de la humanidad: El Siglo diecinueve, II*, Volum 8, Barcelona, Editorial Planeta, 1980.

VALVERDE, José María. *Historia de la literatura universal*, volum 7, Barcelona, Planeta, 1985.

# L'ESCARABAT D'OR

¡Hola, hola! ¡Aquest home balla com un guillat! L'ha picat la taràntula.

—*Tot a l'inrevés*—

Fa molts anys vaig fer amistat amb un tal Mr. William Legrand. Era d'una antiga família d'hugonots de gran fortuna en altre temps, fins que una sèrie de desgràcies el van reduir a la pobresa. Per evitar la vergonya que segueix a tals desastres, abandonà Nova Orleans, ciutat dels seus avantpassats, i s'instal·là a l'illa de Sullivan, prop de Charleston, a Carolina del Sud.

Aquesta illa és molt curiosa. Es redueix quasi a l'arena del mar i té unes tres milles de llarga. D'ampla no excedeix en cap lloc d'un quart de milla. Està separada del continent per un riuet a penes perceptible, que passa suaument per una zona desèrtica de joncs i de tarquim, lloc favorit de les fotges.

La vegetació, com es pot suposar, és escassa i no massa alta. No es veu cap arbre que destaque, però de segur, es pot trobar el margalló.

Cap a l'extrem occidental, on es troba el Fort Moultrie, s'eleven algunes construccions miserables, habitades, durant l'estiu, pels qui fugen de la pols i de la febre de Charleston.

Tota l'illa, llevat de la punta oest i una franja de platja blanca i dura a la costa, és coberta per un bosc dens de murta silvestre molt apreciada pels horticultors d'Anglaterra. Aquest arbust ací, sovint, arriba als quinze o vint peus d'altura i forma un boscam quasi impenetrable que embafa l'aire amb la seua fragància.

A la banda més inaccessible d'aquest bosc, no lluny de l'extrem est o més remot de l'illa, Legrand s'havia construït una barraqueta que ocupava quan, per pura casualitat, el vaig conéixer.

Prompte ens vam fer amics, perquè en aquell home solitari hi havia molt per a inspirar interés i estima. Vaig trobar que era educadíssim i amb una intel·ligència inusitada, però afectat de misantropia i subjecte a ramalades d'entusiasme i malenconia. Tenia molts llibres, però rarament els usava. Les seues principals diversions eren caçar i pescar o vagar per la platja i per les murtes buscant petxines o exemplars entomològics. La col·lecció que tenia d'aquests últims hagués estat envejada per un Swammerdam.

En aquestes excursions, usualment, l'acompanyava un vell negre, anomenat Júpiter. Aquest havia estat alliberat per la família Legrand abans de la ruïna, però ell, malgrat les promeses i les amenaces, es negà a abandonar allò que considerava el seu deure, és a dir, servir el seu jove «Massa Will». I no és improbable que els parents de Legrand, considerant-lo un poc desequilibrat, contribuïssen a fomentar aquesta obstinació de Júpiter amb el propòsit que vigilàs i servís l'errabund.

Els hiverns a la latitud de l'illa de Sullivan, no solen ser rigorosos, i, a la tardor, és estrany que calga encendre el foc. Cap a mitjan octubre de 18... hi hagué, però, un dia de molt de fred. Poc abans de pondre's el sol, vaig creuar pel boscam cap a la cabana del meu amic, al qual feia moltes setmanes que no havia visitat, perquè aleshores jo vivia a Charleston, situat a nou milles de l'illa, i les facilitats de transport eren molt lluny de les actuals.

En arribar a la barraca, vaig trucar, com de costum, i com que no vaig obtenir resposta, vaig buscar la clau on sabia que era amagada, vaig obrir la porta i entrí a la barraca. A la llar hi havia encés un bon foc. Era una novetat —i gens desagradable, per cert—. Em vaig traure l'abric, vaig arrimar una cadira de braços al foc i vaig esperar pacientment l'arribada dels meus amfitrions.

Arribaren poc després de fer-se fosc i em donaren la més cordial benvinguda. Júpiter, amb un somrís d'orella a orella, s'afanyà a posar al foc algunes fotges per a sopar.

Legrand es trobava en un dels seus accessos —¿de quina altra manera els podria anomenar?— d'entusiasme. Havia trobat un bivalve desconegut, que formava un gènere nou, i, encara més, havia perseguit i caçat, amb l'ajuda de Júpiter, un escarabat, que ell creia desconegut i sobre el qual desitjava de conéixer la meua opinió l'endemà al matí.

—¿I per què no aquesta nit? —vaig preguntar-li, fregantme les mans davant del foc, i enviant al dimoni tota la raça dels *scarabaei*.

—¡Ah, si hagués sabut que era ací! —digué Legrand—; ¡però feia tant de temps que no l'havia vist! ¿I com podia endevinar que vindria a visitar-me justament aquesta nit? Quan tornava a casa he trobat el tinent G..., del Fort, i he fet la barbaritat de deixar-li l'escarabat; per això, no podrà veure'l fins demà. Quede's aquesta nit, i enviaré Jup a buscar-lo a l'alba. ¡És la cosa més bonica de la creació!

—¿Què?... ¿L'alba?

—¡No, home, no!... L'escarabat. És d'un color d'or brillant... gran com una avellana grossa, amb dues taques negres com l'atzabeja en un extrem de l'esquena, i una altra, un poc més llarga, a l'altre extrem. Les *antennae* són...

—No en té, d'antenes, Massa Will i no em cansaré de repetir-li-ho —interrompé Jupiter—; l'escarabat és un escarabat d'or, tot massís, per dins i per fora, menys les ales... No he vist mai un cuc tan pesant com aquest.

—Bé, suposem que siga així, Jup —replicà Legrand amb

més vehemència de la necessària—. ¿És això una raó perquè deixes cremar les aus?

El color —afegí Legrand girant-se cap a mi—, realment, sosté la idea de Júpiter. No ha vist mai una lluentor metàl·lica com la que produeixen els èlitres... però, això no pot jutjar-ho fins demà. Mentrestant, puc donar-li una idea de la seua forma.

I en dir això, va seure en una tauleta on hi havia ploma i tinta, però no paper. Buscà dins el calaix i tampoc no n'hi trobà gens.

—No importa —digué finalment—; açò servirà.

De la butxaca de l'americana, tragué un tros de pergamí que em semblà molt brut, i va fer-hi un dibuix tosc amb la ploma. Mentre el feia, no em vaig moure del racó del foc perquè encara tenia fred.

Fet el dibuix, me'l passà sense alçar-se. Mentre l'agafava se sentí un lladruc sonor, seguit d'una esgarrapada a la porta. Júpiter obrí i un gran terranova, propietat de Legrand, entrà corrent, se'm tirà als muscles i m'omplí de carícies perquè l'havia mimat molt en les meues visites anteriors. Quan deixà de botar, vaig mirar el paper i, de veritat, em vaig quedar admirat amb allò que el meu amic havia dibuixat.

—¡Bé! —vaig dir després de contemplar-ho uns minuts—, he de confessar que aquest és un escarabat estrany, nou per a mi; mai no he vist una cosa semblant... a menys que fos un crani o un cap de mort, que és la cosa a què més s'assembla.

—¡Un cap de mort! —Replicà Legrand—. Oh... Sí... clar... no hi ha dubte del paregut sobre el paper. Les dues taques negres superiors semblen uns ulls, ¿eh?, i la més llarga al fons és com una boca... i la forma total és ovalada.

—És possible —vaig dir jo—; però, Legrand, crec que

l'art no és el seu fort. He d'esperar fins que veia, personalment, l'escarabat si vull fer-me una idea del seu aspecte.

—Sí; no sé... —va dir ell un poc ofés—; dibuixe acceptablement... almenys hauria de ser així... he tingut bons mestres, i crec que no sóc estúpid del tot.

—Doncs, amic meu, vosté va de broma —vaig dir-li—, això representa molt bé un crani, fins i tot diria que és un crani excel·lent, segons les nocions vulgars que es tenen d'aquests exemplars de fisiologia... i si el seu escarabat se li pareix, deu ser l'escarabat més estrany del món. Encara més, podem originar un brot d'atractiva superstició sobre aquesta semblança. M'imagine que vosté anomenarà el seu insecte *scarabaeus caput hominis*, o alguna cosa per l'estil... hi ha molts noms similars en la Història Natural. ¿Però on són les antenes de les quals em parlava?

—¿Les antenes? —exclamà Legrand, que aparentava prendre's la qüestió molt a la valenta—; estic segur que deu veure les antenes. Les he dibuixades tan clares com es poden apreciar al mateix insecte, i supose que és suficient.

—Bé d'acord —vaig dir—, tal vegada les ha fetes..., però jo no les veig.

Vaig donar-li el paper, sense més comentaris per no irritar-lo. Em sorprenia el caire que l'assumpte havia pres. El seu malhumor m'intrigava i, pel que fa al dibuix de l'insecte, segur que no hi havia cap antena visible i que el conjunt tenia una gran semblança a l'aspecte habitual d'una calavera.

Prengué el paper molt contrariat, i anava a masegarlo aparentment per tirar-lo al foc, quan una ullada casual al dibuix va semblar que li acaparà l'atenció de sobte. En un instant, la cara se li posà molt roja i, seguidament, excessivament pàl·lida. Des del seu seient, continuà examinant el dibuix minuciosament durant uns minuts. Finalment, s'alçà, prengué una candela de la taula i anà a seure en un cofre de mariner, al racó més apartat de l'habitació.

Tornà a examinar el paper amb ansietat, girant-lo en totes les direccions. No digué res i la seua conducta em sorprengué molt; per això, vaig considerar prudent no augmentar el seu malhumor amb qualsevol comentari.

Poc després, es tragué la cartera de la butxaca de l'abric, hi col·locà el paper amb molta cura, i la depositá dins d'un escriptori que tancà amb clau.

S'asserenà, però el seu entusiasme original havia desaparegut quasi del tot. No obstant això, la seua aparença era més somniadora que no malhumorada.

Com més avançava la nit, més abstret se'l veia, i res d'allò que digués no li interessava. Era la meua intenció passar la nit a la cabanya, com havia fet moltes altres vegades, però veient l'estat d'ànim del meu amfitrió vaig jutjar preferible anar-me'n.

No intentà retenir-me, i, en acomiadar-nos, em va encaixar la mà, fins i tot amb més cordialitat que de costum.

Un mes després d'això —temps durant el qual no vaig saber res de Legrand—, vaig rebre una visita, a Charleston, del seu criat Júpiter. No havia vist mai el bon negre tan desesperat i em vaig témer que li hagués passat alguna desgràcia al meu amic.

—I ara, Jup —vaig dir-li—, ¿què passa? ¿Com està el teu amo?

—La veritat, Massa, no està tan bé com voldria.

—¿No? Em sap molt greu escoltar això. ¿De què es queixa?

—Oh, si és això... Que no es queixa de res... Però, està molt malalt.

—¿Molt malalt, Júpiter? ¿Per què no m'ho has dit de seguida? ¿És al llit?

—¡No; a quin sant! No para enlloc. Això em preocupa, estic atabalat amb el pobre Massa Will.

—Júpiter, voldria entendre de què parles. Dius que tens l'amo malalt. ¿I no t'ha contat què té?

—Oh, Massa, és inútil que es calfe el cap... Massa Will no diu què li passa; però, aleshores, ¿per què es passeja amb el cap baix entre els muscles i tan blanc com una oca? I sempre fa números...

—¿Què fa, Júpiter?

—Números amb uns signes a la pissarra, els signes més estranys que havia vist. Li assegure que comence a tindre por. No li puc traure la vista de damunt. L'altre dia se'n va anar abans de l'eixida del sol i es va quedar tot el sant dia fora. Ja tenia un bon bastó per a castigar-lo quan tornàs... però sóc tan bleda que no vaig tindre cor... després de tot preparat per fer-ho... ¡Tenia tan mala cara!

—¿Eh?... ¿Què?... ¡Ah!, Júpiter, crec que no cal ser massa sever amb el pobre xic..., no li pegues..., no ho podria suportar... ¿No tens idea de quina és la causa d'aquesta malaltia, o més bé, d'aquest canvi de conducta? ¿Ha passat res desagradable des que us vaig visitar?

—No, Massa, no ha passat res desagradable des d'aleshores... Crec que va ser abans... el mateix dia que vosté va ser allí.

—¿Com? ¿Què vols dir?

—Massa, parle de l'escarabat... Només de l'escarabat.

—¿El què?

—L'escarabat... Estic segur que el cuc d'or va picar Massa Will al cap.

—¿I què et fa pensar això, Júpiter?

—Potes no li'n falten i boca tampoc. No he vist mai en ma vida una bestiola tan endimoniada... Pegava amb les potes i mossegava tot el que tenia per davant. Massa

Will l'agafà primer, però el va haver de soltar de seguida... Segurament, li picà en aquell moment. Tampoc a mi no m'agradava la boca d'aquella bèstia, i menys encara agafar-lo amb els dits, per això, el vaig embolicar en un paper que hi vaig trobar. A més, li vaig posar un tros de paper a la boca; això vaig fer.

—I, aleshores, penses que l'animal mossegà el teu amo i que la mossegada el posà malalt.

—No ho pense, Massa... Ho sé. ¿Per què somnia tant amb l'or si no és per la picada del cuc d'or? Ja n'havia sentit parlar jo, d'aquests cucs, abans d'ara.

—Però, ¿com saps que somnia amb l'or?

—¿Com ho sé? Perquè en parla quan dorm..., per això ho sé.

—D'acord, Jup, tal vegada tens raó; però, ¿a quina circumstància afortunada dec l'honor de la teua visita?

—¿Com, Massa?

—¿Portes algun missatge de Mr. Legrand?

—No, Massa, porte aquesta carta.

I Júpiter em donà una nota que deia així:

*Estimat amic:*

*¿Per què fa tant de temps que no el veig? Espere que no haurà estat tan ximplet d'ofendre's per alguna insignificant* brusquerie *meua; no, això és improbable.*

*Des de l'última vegada que ens veiérem, he tingut motius de gran ansietat. Li he de dir una cosa, però no sé com dir-li-la, ni tampoc si faig bé de fer-ho.*

*No m'he sentit molt bé darrerament, i el pobre Jup, em molesta a més no poder amb les seues excessives atencions. ¿Pot creure-s'ho? L'altre dia preparà un garrot per a castigar-*

*me per haver-me'n fugit i passat el dia, sol, a les muntanyes de terra ferma. Estic segur que només em salvà de la palissa la mala cara que feia.*

*No he afegit res nou a la meua col·lecció, des que ens vam veure.*

*Si no té cap inconvenient, li pregue que vinga amb Júpiter. Vinga, per favor. Vull veure'l aquesta nit per un afer important. Li assegure que és de la* més alta *importància.*

*Afectuosament,*

*WILLIAM LEGRAND.*

Hi havia alguna cosa en el to d'aquella nota que m'inquietà molt. L'estil era totalment diferent del de Legrand. ¿Quina en portava al cap? ¿Quina nova excentricitat s'havia apoderat del seu cervell impressionable? ¿Quin «afer de la *més alta* importància» portava entre mans?

Les notícies de Júpiter no auguraven res de bo. Em temia que la desgràcia continuada hagués acabat per desequilibrar la raó del meu amic. Per això, sense dubtar-ho un moment, em vaig preparar per acompanyar el negre.

En arribar al moll, vaig veure al fons de la barca, on havíem d'embarcar, una dalla i tres pales, totes aparentment noves.

—¿Què vol dir tot això, Jup? —vaig preguntar.

—Això, dalla i pales, Massa.

—Evidentment, però ¿què fan ací?

—Són la dalla i les pales que Massa Will m'ha fet comprar a la ciutat, ¡i quina gràcia que em fa, m'han costat molts diners!

—Però, per tots els misteris, ¿què dimonis vol fer el vostre Massa Will amb la dalla i les pales?

—Ni idea, i que el diable se m'emporte si ell ho sap millor que jo. Però, la culpa de tot la té l'escarabat.

En veure que no trauria trellat de Júpiter, l'intel·lecte del qual semblava absort per l'«escarabat», vaig botar a la barca i vaig hissar vela.

Amb brisa favorable, prompte arribàrem a la caleta situada al nord de Fort Moultrie, i una caminada d'unes dues milles ens portà a la cabanya, on vam arribar cap a les tres de la vesprada.

Legrand ens esperava impacientment. Em donà la mà amb un *empressement* nerviós que m'alarmà, i em reafirmà les sospites que ja tenia. Estava pàl·lid com un mort, i els seus ulls enfonsats li brillaven amb una intensitat anormal.

Després d'indagar sobre la seua salut, li vaig preguntar, com que no sabia una altra cosa millor que dir-li, si el tinent G... ja li havia tornat l'escarabat.

—Oh, sí —contestà posant-se molt roig—. El vaig recuperar al matí següent. Res no m'apartaria d'aquest *scarabaeus*. ¿Sap vosté que Júpiter tenia raó sobre ell?

—¿En quin sentit? —vaig preguntar-li, amb un mal pressentiment al cor.

—En el fet de suposar que era un escarabat d'or de veritat.

Ho digué molt seriosament, la qual cosa m'impressionà molt.

—Aquest insecte serà la meua fortuna —continuà amb un somriure triomfant—, em tornarà les possessions de la meua família. ¿Té res d'estrany que el valore tant? Ja que la fortuna ha decidit donar-me'l, sols he d'usar-lo adequadament i arribaré a l'or del qual ell és l'índex. Júpiter, porta'm l'escarabat.

—¿Què? ¿El cuc, Massa? M'estime més de no tocarlo... Millor porte-se'l vosté mateix.

Legrand s'alçà de seguida, amb un posat greu, i em va

portar l'insecte, que guardava en una capseta de vidre. Era un bell *scarabaeus*, desconegut dels naturalistes en aquella època... i molt valuós des del punt de vista científic. Tenia dues taques negres i redones en un extrem de l'esquena, i una taca llarga a l'altra punta. Els èlitres eren extremadament durs i lluents, com si fossen d'or brunyit.

L'insecte era realment pesant i, considerant totes aquestes coses, no li podia retraure, a Júpiter, la seua opinió pel que fa al cas; però ni matant-me hauria pogut entendre que Legrand compartís la seua opinió.

—L'he enviat a buscar —digué en to grandiloqüent quan jo ja havia completat l'examen de l'animal— perquè m'aconselle i m'ajude a portar a terme els designis de la sort i de l'escarabat.

—Estimat Legrand —vaig exclamar, interrompent-lo—, evidentment vosté està malalt, i hauria de prendre algunes precaucions. Gite's, i jo em quedaré amb vosté uns quants dies, fins que ho supere. Té febre i...

—Prenga'm el pols —digué.

Ho vaig fer, i, si hem de ser francs, no hi vaig trobar ni senyals de febre.

—Però, pot estar malalt sense tenir febre. Permeta'm, aquesta vegada, de ser el seu metge. Primer de tot, vaja al llit. Després...

—S'equivoca —digué—; em trobe tan bé com es pot trobar qualsevol que senta l'excitació que jo tinc. Si de veres m'aprecia, m'aliviarà aquesta excitació.

—¿I com es pot fer això?

—Molt fàcilment. Júpiter i jo farem una expedició a les muntanyes de la costa, i necessitem una persona de la nostra confiança. Vosté ho és. Triomfem o fracassem, l'excitació que ara veu desapareixerà igualment.

—Desitge de ser-li útil de qualsevol manera —vaig

replicar—; ¿però vol donar-me a entendre que aquest escarabat infernal té alguna connexió amb la vostra expedició a les muntanyes?

—És clar.

—Així, Legrand, no puc prendre part en una empresa tan absurda.

—Ho sent..., ho sent moltíssim..., perquè ho haurem d'intentar sols.

—¡Intentar-ho sols! ¡Aquest home és boig!... Però, espere... ¿Quant de temps pensa d'absentar-se'n?

—Probablement tota la nit. Partirem de seguida i, passe el que passe, hi tornarem a l'eixida del sol.

—¿I em promet vosté, pel seu honor, que quan aquesta dèria acabe i l'assumpte de la bestiola (¡Déu meu!) siga de la seua satisfacció, tornarà a casa i seguirà els meus consells i els del seu metge?

—Sí, ho promet; i ara, anem-hi, perquè no podem perdre el temps.

Molt decaigut vaig acompanyar el meu amic. Pels volts de les quatre, Legrand, Júpiter, el gos i jo ens posàrem en marxa. Júpiter tenia la dalla i les pales, i insistia a portar-ho ell tot, més per por, em pense, que alguna d'aquelles eines quedàs en mans del seu amo que no per excés d'amabilitat. El pobre negre estava mal humorat; «maleït cuc» foren les úniques paraules que eixiren de la seua boca en tot el viatge.

Per la meua banda, jo m'encarregava d'un parell de llanternes, mentre Legrand es contentava amb l'escarabat, que havia lligat a l'extrem d'un fil i el feia girar al seu voltant mentre caminava, com un prestidigitador.

Quan vaig observar aquesta última i evident prova de la demència del meu amic, amb prou dificultats vaig contenir les llàgrimes. Pensava, però, que era preferible seguir-li

el joc, almenys de moment, fins que pogués adoptar mesures més enèrgiques amb possibilitat d'èxit.

Mentrestant, intentava, inútilment, d'averiguar l'objecte de l'expedició. Una vegada va aconseguir convéncer-me que l'acompanyàs, no pareixia disposat a mantenir una conversa sobre cap tema de menor importància, i a totes les meues preguntes no donava altra resposta que «ja veurem».

En una barca, travessàrem el riuet en la punta de l'illa, i vam començar la pujada del coster de terra ferma en direcció nord-oest, travessant una zona excessivament salvatge i desolada, per on no hi havia rastre humà.

Legrand dirigia amb decisió, aturant-se només algun instant, ací i allà, per consultar unes marques que, possiblement, havia deixat ell mateix en una ocasió anterior. D'aquesta manera, avançàrem unes dues hores, i el sol ja es ponia quan vam entrar en una regió molt més desolada que les que havíem vist anteriorment.

Era una espècie de meseta, prop del cim d'un pujol quasi inaccessible, densament poblat d'arbres des de la base fins al pic, ple de pedrots que semblaven escampats pel terra i, en molts casos, només el suport dels arbres, contra els quals es recolzaven, impedia que s'estimbassen a les valls inferiors. Barrancs profunds, en diferents direccions, donaven a aquell escenari un aspecte de gran solemnitat.

La plataforma natural on havíem pujat estava coberta d'una espessa vegetació d'esbarzers, que no hauríem pogut travessar sense la dalla.

Sota les ordres del seu amo, Júpiter obrí camí cap al peu d'un enorme tuliper que s'alçava entre vuit o deu roures, sobrepassant-los tots, com hauria ultrapassat tots els altres per la bellesa del seu fullatge, la seua forma, la gran extensió de les seues branques i el seu aire majestuós.

En arribar a aquest arbre, Legrand es girà cap a Júpiter i li preguntà si pensava que podria pujar-hi. El vell semblava un poc atordit per la pregunta i, de moment, no contestà. Finalment, s'aproximà a l'enorme soca, li pegà la volta lentament, i l'examinà amb minuciositat. Acabada la inspecció, digué simplement:

—Sí, Massa, Jup pujarà en qualsevol arbre.

—Doncs bé, amunt, com més prompte millor perquè no tardarà a fer-se de nit i no veurem res.

—¿Fins on he de pujar, Massa? —preguntà Júpiter.

—Comença primer per la soca i ja et diré quin camí has de prendre...; i ara... ¡espera't! Emporta't l'escarabat.

—¡El cuc, Massa Will! ¡L'escarabat d'or! —Cridà el negre—. ¿Per quins dimonis vol que m'enfile amb ell? Que em pengen si ho faig.

—Si tens por de sostenir un cuquet mort i inofensiu, Jup, un negre tan gran i fort com tu, pots endur-te'l amb aquest fil. Però, si no te l'emportes cap amunt d'una manera o d'altra em veuré obligat a trencar-te el cap amb aquesta pala.

—¿Què li passa ara, Massa? —Digué Jup, evidentment avergonyit—. Sempre li busca raons al pobre negre. Si només era una broma. ¿Jo, por de l'escarabat? ¿Quina por?

I agafà cautelosament la punta del fil per mantenir l'insecte tan lluny de la seua persona com li era possible, i es disposà a enfilar-se a l'arbre.

De jove, el tuliper *Liriodendron tulipiferum*, el més magnífic dels arbres americans, té un tronc particularment llis, i amb freqüència s'eleva a gran altura sense branques laterals; però quan es fa vell, l'escorça es torna nuosa i irregular, i li ixen moltes branques curtes en el tronc. Per això, en aquest cas, la dificultat d'enfilar-s'hi era més aparent que real.

Abraçant l'enorme cilindre tan fort com va poder, amb braços i genolls, buscant amb les mans alguns nusos i apuntalant-se amb els peus descalços en altres, Júpiter, després d'estar a punt de caure una o dues vegades, arribà, finalment, a la primera gran forca, i considerà acabada la seua tasca. De fet, el risc de l'ascensió havia passat, encara que l'escalador es trobava a uns seixanta o setanta peus de terra.

—¿Cap a on he d'anar ara, Massa Will? —preguntà.

—Tira per la branca més grossa..., la d'aquest costat— digué Legrand.

El negre l'obeí de seguida, i aparentment amb poca dificultat; s'enfilà cada vegada més alt, fins que el seu cos desaparegué de la nostra vista entre el dens fullatge que l'envoltava. Prompte, la seua veu s'escoltà com si fos un eco.

—¿He de pujar més encara?

—¿A quina altura ets? —preguntà Legrand.

—Tan alt —replicà el negre— que puc veure el cel entre les fulles.

—Deixa estar el cel, i atén el que et diré. Mira cap avall i compta les branques que tens sota tu per aquest costat. ¿Quantes branques has passat?

—Una, dues, tres, quatre, cinc... n'he passades cinc, de branques grans en aquest costat, Massa.

—Aleshores, puja'n una més.

Uns quants minuts més tard s'escoltà la veu una altra vegada, anunciant que havia arribat a la setena branca.

—Ara, Jup —cridà Legrand, evidentment molt excitat—, vull que avances tot el que pugues per aquesta branca. Si veus alguna cosa estranya, avisa'm.

En aquell moment, qualsevol dubte que em quedava sobre la demència del meu amic, s'havia esfumat del tot. No tenia altre remei que considerar-lo boig, i vaig comen-

çar a preocupar-me seriosament de com podria tornar-lo a casa. Mentre reflexionava què seria millor, es féu sentir la veu de Júpiter una altra vegada.

—Tinc molta por de seguir per aquesta branca: és tota morta.

—¿Has dit que és una branca morta, Júpiter? —cridà Legrand amb veu tremolosa.

—Sí, Massa; és morta i ben morta, li ho assegure: ja ha partit d'aquesta vida.

—¡Déu meu!, ¿què faré? —exclamà Legrand amb desesperació.

—¡Fer! —vaig dir jo, content de poder parlar-hi—; només queda tornar-nos-en a casa i ficar-se al llit. ¡Anem-hi ja!; siga un bon xicot. Es fa tard i, a més, recorde-se'n de la seua promesa.

—¡Júpiter! —cridà ell, sense fer-me cas—. ¿Em sents?

—Sí, Massa Will; el sent molt bé.

—Prova la fusta amb el teu ganivet, i veges si és molt podrida.

—És molt podrida, Massa, segur —replicà el negre al cap d'un moment—, però no tant com em pensava, ho intentaré un poc més, jo sol.

—¿Sol? ¿Què vols dir?

—Vull dir sense l'escarabat. És un cuc molt pesant. Si el deixe caure, aleshores la branca no es trencarà amb el pes d'un negre sol.

—¡Maleït canalla! —cridà Legrand aparentment molt tranquil·litzat—, ¿quines barbaritats dius? Si deixes caure el cuc t'ofegue. ¿Em sents, Júpiter?

—Sí, Massa, però no cal parlar així a un pobre negre.

—¡Bé! ¡Ara, escolta! Si t'aventures per la branca fins a on pugues i no deixes caure l'escarabat, et regalaré un dòlar de plata tan prompte com baixes.

—Ja hi vaig, Massa Will —replicà el negre a l'instant—; he arribat a la punta.

—¡A la punta! —bramà Legrand—. ¿Dius que ets a la punta de la branca?

—Quasi a la punta, Massa... ¡Oooooh!... ¡Ai Déu! ¡Què hi ha en aquest arbre!

—Bé —cridà Legrand molt content—; ¿què hi ha?

—No res, ¡simplement una calavera! Algú s'ha deixat el cap en l'arbre i els corbs se li han menjat la carn.

—¿Una calavera dius? Molt bé. ¿Com està subjecta a la branca? ¿Què la sosté allí?

—Ara ho miraré, Massa. És molt curiós, de veritat. Hi ha un clau molt gran en el crani que l'aguanta a l'arbre.

—Bé, Júpiter. Ara fes exactament el que et diré... ¿Em sents?

—Sí, Massa.

—Escolta, atén: busca l'ull esquerre del crani.

—¡Hum!... Aquesta sí que és bona. No té cap ull esquerre.

—¡Maleïda siga la teua estupidesa! ¿Saps distingir la mà dreta de l'esquerra?

—Sí, és clar; amb la mà esquerra talle la llenya.

—¡Perfecte, ets esquerrà! L'ull esquerre el tens al mateix costat que la mà esquerra. Ara, supose que sabràs trobar l'ull esquerre del crani, o el lloc on havia estat. ¿El trobes?

Hi hagué una llarga pausa. Finalment, el negre preguntà:

—¿L'ull esquerre del crani és al mateix costat que la mà esquerra de la calavera també? Perquè el crani no en té ni un bocinet, de mà... Però, ¡tant li fa! Ja tinc l'ull esquerre... ¡És ací! ¿Què he de fer amb ell?

—Deixa penjant l'escarabat a través d'ell fins a on arribe el fil..., però compte de no soltar-lo.

—¡Ja està, Massa Will! És molt fàcil passar-li el cuc pel forat... Mire'l com baixa.

Durant aquest diàleg no s'havia vist ni un trosset de Júpiter; però, la bestiola, que ara descendia, era visible a l'extrem del fil, i brillava com una bola d'or brunyit il·luminat pels últims raigs de sol ponent, que encara acariciaven el cim on ens trobàvem.

L'escarabat emergia de les branques, i si Júpiter l'hagués deixat caure, hauria anat a parar als nostres peus.

Legrand agafà la dalla immediatament i segà, amb ella, un espai circular d'unes tres o quatre iardes de diàmetre, just a sota del cuc, i, fet això, ordenà a Júpiter que soltàs el fil i que baixàs de l'arbre.

Amb gran compte, el meu amic, clavà una estaca a terra en el punt exacte on havia caigut l'escarabat, i tragué una cinta mètrica de la butxaca. Lligà l'extrem a la part de la soca de l'arbre més prop de l'estaca, la desenrotllà fins a tocar-la-hi, i l'estengué més encara en la direcció establida pels dos punts, arbre i estaca, a una distància de cinquanta peus. Mentrestant, Júpiter netejava els esbarzers amb la dalla.

Fixat el lloc, hi clavaren una segona estaca, i fent servir aquesta com a centre, van descriure un cercle tosc d'uns quatre peus de diàmetre. Prengué una pala ell mateix, i li'n donà una a Júpiter i una altra a mi. Legrand ens pregà que cavàssem tan ràpid com poguéssem.

Si us dic la veritat, no he tingut mai cap predilecció especial per aquest treball, i en aquell moment particular hi hauria renunciat, perquè la nit s'acostava i ja em sentia molt fatigat amb l'exercici que havia fet; però no vaig veure cap manera d'escapar-me'n, i tenia por de trencar la serenitat del meu amic amb una negativa.

Si hagués tingut la seguretat de comptar amb l'ajuda

BOSCÀ

de Júpiter, no hauria dubtat a endur-me el llunàtic a casa per força; però coneixia molt bé la manera de ser del negre per a esperar que m'ajudàs, en tals circumstàncies, en una lluita personal contra el seu amo.

No dubtava que alguna de les nombrosíssimes superstïcions del sud sobre tresors enterrats l'havia contagiat, i que la troballa de l'escarabat o, tal vegada, l'obstinació de Júpiter a sostenir que era «un insecte d'or pur», li havia ratificat la seua fantasia.

Una ment amb tendències a la bogeria es deixa transportar fàcilment per tals suggestions —especialment si coincideixen amb idees preconcebudes del seu gust—; vaig recordar, també, el discurs del pobre xic, dient-me que l'escarabat era l'«índex de la seua fortuna». Per tot això, jo em sentia molt afligit i desficiós, però, finalment, vaig fer allò que em semblà millor, cavar amb bona voluntat i persuadir ràpidament el visionari, per demostració ocular, de la fal·làcia de les seues opinions.

Una vegada enceses les llanternes, ens posàrem a treballar amb un zel digne d'una causa més racional; i, a mesura que la llum queia sobre les nostres persones i ferramentes, no podia deixar de pensar quin grup tan pintoresc formàvem i com d'estranys i sospitosos haurien paregut els nostres treballs a qualsevol intrús que, per casualitat, hi hagués passat.

Cavàrem amb gana durant dues hores. Parlàrem poc, i la nostra principal preocupació eren els lladrucs del gos, que s'interessava excessivament pel nostre treball. Va arribar a ser tant molest que ens entrà por que no alarmàs alguns vagabunds del veïnat, o potser aquest era el temor de Legrand, perquè per mi, m'hauria alegrat de qualsevol interrupció que permetés tornar el transtornat a casa seua.

Per fi, Júpiter acallà el rebombori; va eixir molt decidit del forat, lligà el gos del morro amb els seus tirants, i tornà, amb un greu somrís, al seu treball.

Després de les dues hores, ja havíem aprofundit cinc peus i no hi havia cap senyal de tresor.

Seguí una pausa general, i començava a creure que la farsa s'acabava. Legrand, encara que evidentment molt desconcertat, s'eixugà el front preocupat i prosseguí el treball. Havíem excavat tot el cercle de quatre peus de diàmetre per complet, i ara n'eixamplàrem un poquet més el límit i aprofundírem uns dos peus més. No aparegué res.

El buscador d'or, que em feia molta llàstima, eixí finalment del pou, amb la més amarga decepció impresa en cada tret del seu rostre, i va procedir lentament i desganat a ficar-se l'abric que s'havia llevat en començar la seua labor. No vaig fer la més mínima observació.

A un senyal del seu amo, Júpiter arreplegà els estris. Fet això, i després de llevar-li el boç al gos, tornàrem silenciosament cap a casa.

Potser havíem fet una dotzena de passes en aquesta direcció, quan, amb un jurament estrepitós, Legrand, es tirà damunt Júpiter i l'agarrà del coll. El negre, astorat, obrí els ulls i la boca desmesuradament, soltà les pales i s'agenollà.

¡Canalla! —digué Legrand fent xiular les síl·labes entre les dents—, ¡Condemnat negre! ¡Parla, et dic! ¡Contesta'm a l'instant, sense mentir! ¿quin... quin és el teu ull esquerre?

—¡Ai Déu meu, Massa Will! ¿No és aquest d'ací el meu ull esquerre? —bramà l'aterrit Júpiter, posant-se la mà a l'ull dret i mantenint-la allí amb desesperada obstinació, com si temés que el seu amo volgués traure-li'l.

—¡M'ho imaginava! ¡Ho sabia! ¡Hurra! —vociferà Legrand, soltant el negre i fent una sèrie de cabrioles i volantins davant l'espant del seu criat, que posant-se dret, ens mirava, en silenci, tant al seu amo com a mi.

—¡Au! Hem de tornar-hi —digué Legrand—. El joc no s'ha acabat encara.

I s'encaminà cap al tuliper.

—¡Júpiter! —digué en arribar al peu de l'arbre—. Vine ací. ¿Era el crani clavat a la branca amb la cara cap a fora o amb la cara cap a dins?

—Amb la cara cap a fora, Massa, perquè els corbs poguessen arribar als ulls sense problemes.

—Bé, segons tu, ¿era per aquest ull o per aquest altre que vas deixar caure l'escarabat?

I ací Legrand tocà alternativament els ulls de Júpiter.

—Per aquest ull, Massa..., per l'ull esquerre... com vosté em va dir —i el negre indicà el seu ull dret.

—D'acord; hem de començar de nou.

Ací, el meu amic, en la bogeria del qual veia, o creia veure, certs indicis de mètode, retirà l'estaca que hi assenyalava el lloc on havia caigut l'escarabat, i la clavà unes tres polzades a l'oest del lloc primitiu. Col·locà la cinta mètrica al punt més pròxim de la soca a l'estaca, com abans havia fet, l'allargà en línia recta fins una distància de cinquanta peus, i assenyalà allí un lloc, que distava unes quantes iardes de l'emplaçament on havíem estat cavant.

Va fer un cercle al voltant de la nova posició un poc més gran que l'anterior, i tornàrem a treballar amb la pala.

Jo estava terriblement fatigat, i sense adonar-me a penes d'allò que m'havia fet canviar de parer, ja no sentia cap aversió pel treball que m'imposaven. Estava inexplicablement interessat, fins i tot excitat. Tal vegada, hi havia alguna cosa en l'extravagant comportament de Legrand, un aire de premeditació i de seguretat que m'impressionava.

Cavava amb gana, i, de tant en tant, em trobava a mi

mateix buscant, amb un aspecte semblant a l'esperança, el tresor imaginari, la visió del qual havia tornat boig el meu desventurat company.

Quan aquestes fantasies més em dominaven, i potser feia una hora i mitja que treballàvem, els violents lladrucs del gos ens tornaren a interrompre.

La primera vegada, el seu comportament era evidentment fruit de les ganes de jugar o un caprici, ara, però, mostrava un to més amarg i greu. Quan Júpiter intentà d'emboçar-lo una altra vegada, oposà una furiosa resistència; botà dins del forat i gratà frenèticament la terra amb les potes.

Al cap d'uns pocs segons, havia desenterrat una massa d'ossos humans, que formaven dos esquelets complets, mesclats amb botons de metall i alguna cosa que pareixia restes de llana podrida. Un o dos colps de pala posaren al descobert la fulla d'un gran ganivet espanyol i, quan cavàrem més, veiérem tres o quatre monedes disperses d'or i plata.

A la vista d'aquestes monedes, l'alegria de Júpiter a penes podia contenir-se, però la cara del seu amo expressava un aire de disgust.

No obstant això, ens demanà que continuàssem esforçant-nos i, només dites aquestes paraules, vaig caure cap avant i em quedà la punta de la bota enganxada en una gran anella de ferro, que estava mig colgada en la terra remoguda.

Treballàvem amb molta gana. No recorde haver passat mai deu minuts de major excitació. Durant aquest temps, desenterràrem quasi del tot un cofre allargat de fusta que, pel seu estat de conservació i la seua considerable duresa, devia haver estat sotmés a algun procés de mineralització —potser pel biclorur de mercuri.

Aquesta caixa tenia tres peus i mig de llarg, tres d'ample i dos i mig de profunditat. Estava fermament assegurada per bandes reclavades de ferro forjat, que formaven una espècie de reixa sobre tot el conjunt.

A cada costat del cofre, prop de la part de dalt, hi havia tres anelles de ferro, sis en total, per mitjà de les quals sis persones podien transportar-lo còmodament.

Els nostres esforços coordinats només serviren per a moure lleugerament el cofre del seu lloc. De seguida, veiérem la impossibilitat de moure tan gran pes.

Afortunadament, la tapa només estava subjecta per dos forrellats. Els obrírem tremolant i respirant amb ansietat.

En un instant, un tresor d'incalculable valor brillava davant de nosaltres. Quan els raigs de la llanterna caigueren dins del forat, reflectiren una lluentor i reflexos d'un confús munt d'or i joies, que ens enlluernaren completament.

No pretenc descriure els sentiments que em dominaren. La sorpresa, és clar, predominava. Legrand semblava extenuat per l'excitació, i digué poques paraules.

Durant alguns minuts, la cara de Júpiter es tornà tan pàl·lida com és possible, dins de la naturalesa de les coses, a la cara d'un negre. Pareixia estupefacte, aterrit. A l'acte, caigué de genolls dins del clot i clavà els braços nus fins els colzes dins l'or. Els va deixar allí com si gaudís del plaer d'un bany. Finalment, amb un gran sospir, exclamà com si parlàs amb ell mateix:

—¡I tot açò ve del cuc d'or!, ¡del preciós insecte d'or!, ¡de la pobra bestieta d'or que jo vaig tractar amb tanta brutalitat! ¿I no tens vergonya de tu mateix, negre? ¡Contesta!

Calgué, finalment, que recordàs a amo i criat la necessitat de transportar el tresor. Ja es feia tard i havíem d'afanyar-nos, si ho volíem portar tot a la cabana, abans de l'alba.

Borcá 88

Era difícil decidir què faríem, i vam perdre molt de temps en discussions, de tan confuses com eren les nostres idees.

A la fi, alleugerírem el cofre treient-ne dos terços del seu contingut, i amb gran treball poguérem extraure'l del pou. Els objectes que n'havíem tret van ser depositats entre els esbarzers, i el gos es va quedar a vigilar-los, amb ordres estrictes de Júpiter que no es mogués del lloc per a res ni obrís la boca fins que tornàrem.

Ens afanyàrem a transportar el cofre a casa; arribàrem a la cabanya sense problemes, però esgotats, a la una de la matinada. Cansats com estàvem, era humanament impossible fer res més d'immediat.

Descansàrem fins a les dues i sopàrem; tot seguit vam tornar a les muntanyes proveïts de tres sacs ben forts que, per sort, hi havia a la barraca.

Arribàrem al clot un poc abans de les quatre, ens vam dividir la resta del botí, amb la major equitat possible i, sense tapar el pou, ens en tornàrem cap a casa, on, per segona vegada, descarregàrem l'or. Era el moment que les primeres clarors del dia apareixien a l'est per damunt de les copes dels arbres.

Estàvem completament rendits; però, la intensa excitació del moment ens impedia descansar.

Després de tres o quatre hores de son inquieta, ens vam alçar, com si ens haguéssem posat d'acord abans, per fer l'examen del nostre tresor.

El cofre havia estat ple fins dalt del tot i passàrem tot el dia i la major part de la nit següent fent-ne l'inventari del contingut.

No havia hagut cap ordre en la distribució. Totes les coses eren una mescladissa. Una vegada ho havíem separat tot amb compte, vam descobrir que posseíem una fortuna més vasta que no ens havíem suposat en un primer moment.

Només en monedes hi havia més de quatre-cents cinquanta mil dòlars, calculant el valor de les peces amb tanta exactitud com podíem segons les taules de valors de l'època. No hi havia ni una miqueta de plata. Tot eren monedes antigues i de gran varietat, franceses, espanyoles, alemanyes, unes poques guinees angleses i unes quantes fitxes que mai no havíem vist abans. Hi havia algunes monedes molt grans i pesants, tan gastades que no podíem distingir-ne les inscripcions. No hi havia cap moneda americana.

Ens era més difícil calcular el valor de les joies. Hi havia diamants, alguns extremadament grans i bonics, cent deu en total, i cap d'ells menut; divuit robins de notable lluïssor; tres-centes deu maragdes, totes molt precioses, i vint-i-un safirs amb un òpal.

Aquestes pedres les havien desmuntades i tirades al cofre de qualsevol manera. Les muntures que trobàrem entre l'or pareixia que havien estat esclafades amb martells per impedir que fossen identificades.

A més de tot això, hi havia una gran quantitat d'ornaments d'or massís: quasi dos-cents anells i arracades; riques cadenes —trenta, si no recorde malament—; vuitanta-tres crucifixos molt grans i pesants; cinc encensers d'or de gran valor; una prodigiosa copa d'or de ponx, ornamentada amb rics pàmpols cisellats i figures bacanals; dos punys d'espasa exquisidament repussats i molts altres objectes més menuts que no puc recordar.

El pes total d'aquestes peces precioses ultrapassava les tres-centes cinquanta lliures angleses, i en aquest càlcul no he inclòs cent noranta-set superbs rellotges d'or, tres dels quals valien cadascun cinc-cents dòlars. Molts d'ells eren antiquíssims i sense cap valor com a rellotges; la maquinària s'havia corromput, però tots eren ricament enjoiats i anaven en estoigs de gran valor.

Aquella nit, estimàrem que el contingut total del cofre valia un milió i mig de dòlars; després de liquidar els objectes i les joies (ens en quedàrem unes poques per al nostre ús), vam descobrir que havíem fet un càlcul molt inferior al valor real del tresor.

Quan, finalment, acabàrem el nostre inventari i la intensa excitació del moment havia amainat un poc, Legrand, que veié que jo em moria d'impaciència per la solució de tan extraordinari enigma, començà a donar-me tot tipus de detalls relacionats amb aquest misteri.

—Vosté recordarà, digué, la nit que li vaig donar el tosc dibuix que havia fet de l'escarabat. També recordarà que em sorprengué molt la seua insistència en el fet que el meu dibuix pareixia una calavera.

La primera vegada que va fer aquesta afirmació vaig pensar que estava burlant-se'n, però després vaig recordar les curioses taques en l'esquena de l'insecte i vaig reconéixer que la seua observació tenia, de fet, algun fonament. Però, la referència a les meues aptituds gràfiques m'irrità perquè em considerava un bon artista i, per això, quan em donà el tros de pergamí, vaig estar a punt de fer-lo en un bolic i llançar-lo al foc.

—¿El tros de paper, voldrà dir? —vaig preguntar.

—No; semblava un paper, i al principi vaig suposar que ho era, però quan hi dibuixava, vaig descobrir de seguida que era un tros de pergamí molt prim. Vosté recordarà que estava bastant brut.

Doncs, anava a rebregar-lo, quan vaig veure el croquis que vosté havia estat mirant, i imagine's la meua sorpresa quan vaig descobrir, en efecte, un crani en el lloc on jo havia dibuixat l'escarabat.

Per un moment, em vaig quedar tan espantat que no podia pensar amb deteniment. Sabia que el meu dibuix era molt diferent d'aquell en tots els detalls, encara que el perfil general hi tingués una semblança.

Al cap d'un moment, vaig agafar un canelobre i assegut a l'altre extrem de l'habitació, vaig escodrinyar el pergamí amb més deteniment. En girar-lo, vaig veure el meu croquis a l'altra banda, tal com jo l'havia fet.

La meua primera idea, en aquell moment, fou d'estranyesa davant la singular coincidència del fet que, sense jo saber-ho, hi havia un crani a l'altra banda del pergamí, exactament darrere del meu croquis de la figura de l'escarabat i que aquest, no sols en el contorn sinó també en les dimensions, era tan semblant al meu dibuix.

Dic que la singularitat d'aquesta coincidència em deixà completament estupefacte de moment. Aquest és l'efecte usual de tals coincidències. La ment lluita per establir connexions, una relació de causa i efecte, i en la impossibilitat de fer-ho, pateix una espècie de paràlisi temporal.

Però, quan vaig eixir d'aquest estupor, vaig notar gradualment una convicció que em sorprengué encara més que la coincidència. Vaig començar a recordar, de forma diferent, de forma positiva, que quan vaig fer el croquis de l'escarabat no hi havia cap dibuix en el pergamí.

Estava completament segur d'això, perquè recordava haver-lo girat d'una cara i de l'altra, buscant-ne la part més neta. Si el crani hi hagués estat, per força l'hauria vist.

Realment, hi havia un misteri que em sentia incapaç d'explicar. Però, ja en aquell moment, des dels racons més remots i secrets del meu cervell, em semblava que començava a projectar-se dèbilment una noció vaga de veritat, cosa que la nostra aventura d'anit ha demostrat tan magníficament. Em vaig alçar tot seguit i, quan vaig guardar el pergamí en un lloc segur, vaig deixar totes les reflexions per a quan estigués sol.

Quan vosté se n'havia anat, i Júpiter dormia, vaig començar una investigació més metòdica de l'afer. En primer lloc, vaig considerar la manera com el pergamí havia vingut a les meues mans. El lloc on havíem descobert l'escarabat era la costa del continent, aproximadament una milla a l'est de l'illa, i a poca distància sobre el nivell que marca la marea alta. Quan anava a agafar-lo, em mossegà amb tanta força que el vaig deixar anar.

Júpiter amb la seua prudència habitual, abans d'arreplegar l'insecte, que havia volat cap a ell, buscà al seu voltant una fulla, o qualsevol cosa similar, per a agafar-lo.

Fou en aquell moment que els seus ulls, i els meus també, descobriren el tros de pergamí que aleshores em semblà un paper. Estava mig soterrat en l'arena i n'eixia una punta.

Prop del lloc on el trobàrem, em vaig adonar de les restes d'una quilla que, segons semblava, devia haver estat la xalupa d'un vaixell. Les restes semblaven haver estat allí des de feia molt de temps perquè a penes es podia reconéixer l'estructura d'una embarcació.

Bé, doncs. Júpiter arreplegà el pergamí, hi embolicà l'insecte i me'l donà.

Poc després, ens en tornàvem cap a casa, i pel camí ens vam trobar el tinent G... Li vaig mostrar l'insecte, i em pregà que li'l deixàs endur al fort. Amb el meu consentiment, se'l ficà tot seguit a la butxaca del jupetí, sense el pergamí que l'embolicava i que jo conservava a la mà durant la seua inspecció.

Tal vegada el tinent tingué por que canviàs d'opinió, i pensà que era millor assegurar-se la presa de seguida; com vosté sap, és un entusiasta de tot el que es relaciona amb la Història Natural. Al mateix temps, sense ser-ne conscient, deguí ficar-me el pergamí a la butxaca.

Recorde vosté que, quan vaig anar a la taula, amb el propòsit de fer un croquis de l'insecte, no vaig trobar cap paper on generalment en guardava. Vaig mirar en el calaix i no en vaig trobar cap. Vaig buscar per les butxaques, esperant trobar alguna carta vella, quan em vingué el pergamí a la mà. Detalle la manera exacta com va vindre a parar al meu poder perquè les circumstàncies m'impressionaren amb una força peculiar.

No dubte que em prendrà per un fantasiós, però jo ja havia establit una mena de connexió. Havia unit dues anelles de la gran cadena. Hi havia un vaixell abandonat a la costa, i molt a prop un pergamí —no un paper— amb una calavera pintada.

És clar, em preguntarà, ¿on és la relació? I jo li diré que la calavera, o cap de mort, és l'emblema ben conegut del pirata. La bandera del cap de mort és hissada en tots els combats.

Ja he dit que aquell tros era de pergamí i no de paper. El pergamí dura, quasi és indestructible. Els assumptes de poca importància rarament són consignats en pergamí, perquè per als propòsits corrents de dibuixar o escriure, no és tan pràctic com el paper.

Aquesta reflexió em suggeria que el cap de mort tenia un sentit important. Vaig observar, també, la forma del pergamí. Encara que una de les puntes estava destrossada per algun accident, es podia veure que la forma original era oblonga. Justament un tros com aquell podia ser escollit per anotar-hi alguna cosa important destinada a ser recordada i conservada amb molta cura.

—Però —vaig interrompre—, vosté diu que la calavera no era sobre el pergamí quan va fer el dibuix de l'escarabat. Així doncs, ¿com va establir relació entre el vaixell i la calavera, ja que aquest últim, segons el que vosté mateix ha admés, deuria ser dissenyat (¡només Déu sap com i per qui!) alguns moments després del seu dibuix de l'escarabat?

—¡Ah, ací tenim tot el misteri! Encara que el secret, en aquest punt, tenia comparativament poca dificultat de ser resolt.

Els meus passos eren segurs, em podia permetre un resultat únic. Vaig raonar, per exemple, així: quan vaig dibuixar l'escarabat no hi havia cap crani aparent al pergamí. En completar el meu croquis, li'l vaig donar a vosté, i el vaig observar atentament fins que me'l va tornar. Vosté, per tant, no dibuixà el crani, i no hi havia ningú més per fer-ho. Aleshores, no era la intervenció humana qui l'havia fet. Però hi era fet.

En aquest punt de les meues reflexions, vaig tractar de recordar, i ho vaig aconseguir amb tota claredat, tots els incidents que ocorregueren en el període en qüestió.

El temps era fred (¡oh, estrany i feliç accident!), i a la llar hi havia foc. Jo tenia calor a causa de l'exercici i vaig seure a la vora de la taula. Vosté, però, s'acostà una cadira a la xemeneia.

Justament quan jo posava el pergamí en les seues mans i vosté es disposava a examinar-lo, Wolf, el meu terranova, entrà i saltà als seus muscles. Amb la mà esquerra, l'acaronava i el mantenia a distància, mentrestant la dreta, que sostenia el pergamí, penjava entre els seus genolls, molt a prop del foc.

Per un moment, vaig pensar que la flama l'encendria, i anava a prevenir-lo, però abans que pogués parlar, vosté l'havia apartat, i l'estava examinant.

En considerar tots aquells detalls, no vaig dubtar ni

un moment, que el calor era l'agent que havia fet sorgir en el pergamí el crani dibuixat sobre ell.

Bé sap vosté que hi ha preparacions químiques, i n'han hagut des de temps immemorials, mitjançant les quals és possible escriure sobre paper o pergamí, de tal manera que els caràcters són visibles només si són sotmesos a l'acció del foc.

Algunes vegades s'empra l'òxid de cobalt absorbit, dissolt en *aqua regia*, i diluït amb quatre vegades el seu pes d'aigua; en resulta un tint verd. El *regulus* de cobalt, dissolt en essència de salnitre, dóna un color roig. Aquests colors desapareixen en un temps més o menys llarg després de ser escrits, però tornen a aparéixer exposant-los a la calor una altra vegada.

Aleshores, vaig examinar el crani amb deteniment. Els seus contorns exteriors, és a dir, les línies més pròximes a la vora del pergamí, eren molt més precises que les altres. Estava clar que l'acció del calor l'havia afectat de manera imperfecta i desigual.

Immediatament que vaig encendre el foc, vaig sotmetre cada porció del pergamí al màxim de calor.

Al principi, l'únic efecte fou el remarcament de les línies més dèbils de la calavera, però, en perseverar en l'experiment, aparegué, en un racó del paperet, diagonalment oposat a aquell on el cap de mort fou dibuixat, la figura d'alguna cosa semblant a una cabra. Un examen més detallat però, em va fer veure que es tractava d'un cabrit.

—¡Ha!, ¡ha! —vaig exclamar—. Estic segur que no tinc dret a riure'm de vosté —un milió i mig de dòlars és un assumpte massa seriós per a fer-ne bromes—, però ¿no establirà una tercera anella en la seua cadena? ¿no trobarà vosté cap relació especial entre els seus pirates i una cabra?;

els pirates, com sap, no tenen res a veure amb les cabres, només els grangers s'hi interessen.

—Però, acabe de dir que el dibuix no representava una cabra.

—D'acord, un cabrit, doncs... és quasi la mateixa cosa.

—Quasi, però no del tot —digué Legrand—. Potser ha sentit parlar del capità Kidd[1]. De seguida, vaig considerar la figura de l'animal com una espècie de signatura jeroglífica o simbòlica. Dic signatura perquè la seua posició sobre el pergamí suggeria aquesta idea. El cap de mort al racó diagonalment oposat, tenia, així mateix, l'aspecte d'un segell o un timbre. Però, jo estava tot desconcertat perquè no hi havia res més: faltava el cos del meu document imaginari... el text mateix.

—Supose que vosté esperava trobar una carta entre el segell i la signatura.

—Alguna cosa semblant. El cas és que jo em sentia pres d'un pressentiment de bona fortuna imminent. Difícilment podria dir per què. Potser, després de tot, era més un desig que no una realitat, però... ¿sap que les paraules sense trellat de Júpiter, en dir que l'escarabat era d'or massís, tingueren un efecte notable sobre la meua fantasia? I després, la sèrie d'accidents i coincidències... eren tan extraordinàries. ¿S'adona que no és pura casualitat que tots aquests esdeveniments passaren l'únic dia de l'any que el fred era prou intens com per a encendre el foc, i que sense això, o sense la intervenció del gos en el moment precís en què aparegué, jo mai no me n'hauria adonat de la calavera, i no tindria el tresor?

—Continue... Estic molt impacient.

—Bé, crec que coneixerà totes aquelles històries que es

[1] En anglés, *Kid* és *cabrit*. (N. del T.).

conten... els mil incerts rumors sobre tresors enterrats per Kidd i els seus companys en algun lloc de la costa Atlàntica. Aquests rumors havien de tenir, de fet, algun fonament. I el fet que aquests fossen tan duradors i continuats, només podia deure's a la circumstància que el tresor seguia soterrat.

»Si Kidd hagués amagat el botí algun temps i l'hagués recuperat més tard, els rumors difícilment haurien arribat fins a nosaltres com ho han fet. Observarà vosté que les històries que es conten són totes sobre buscadors de tresors, no sobre els qui els troben. Si el pirata hagués recobrat els seus diners, l'afer s'hauria acabat.

»Em paregué que algun accident —és a dir, la pèrdua d'un memoràndum que indicàs el lloc— li havia impedit de recobrar-lo, i que aquest accident arribà a oïdes dels seus companys, que d'altra manera no haurien sentit parlar mai de cap tresor. Ells mateixos s'esforçaren inútilment a recuperar-lo, i aquests intents a cegues feren nàixer els rumors que després han arribat a ser tan corrents. ¿Ha sentit parlar mai que cap tresor important hagués estat desenterrat a la costa?

—No, mai.

—Però, és ben sabut, que els botins de Kidd eren immensos. Vaig considerar segur, doncs, que la terra encara els guardava; i no se'n sorprendrà massa si li dic que tenia l'esperança, quasi la certesa, que el pergamí, tan estranyament trobat, contenia la informació perduda sobre el lloc del tresor.

—Però, ¿com va procedir?

—Després de revifar el foc, vaig acostar-hi el pergamí de nou, però no hi aparegué res. Vaig pensar que era possible que la brutícia tingués alguna cosa a veure amb el fracàs, per això vaig netejar el pergamí amb aigua calenta amb molt de compte i, fet això, el vaig col·locar en un cassó d'estany, amb el crani cap avall, i vaig posar el recipient sobre el fogó de carbó.

Al cap de pocs minuts, quan la casserola s'havia escalfat bé, hi vaig traure el pergamí i, amb inexplicable alegria, el vaig trobar tacat, en diferents llocs, amb algunes coses que semblaven números posats en rengle. El vaig tornar a col·locar a la casserola i l'hi vaig deixar un minut més. Quan el vaig traure-hi estava exactament com el veu ara.

Després de recalfar el pergamí, Legrand el someté a la meua inspecció. Els següents caràcters estaven rudement traçats, amb tinta roja, entre el cap de mort i el cabrit:

53‡‡†305))6*;4826)4‡.)4‡);806*;48†8π60))85;I‡(;:‡*
8†83(88)5*†;46(;88*96*?;8)*‡(;485);5*†2:*‡(;4956*2(5
*—4)8π8*;4069285);)6†8)4‡‡;I(‡9;4808I;8:8‡I;48†85;
4)485†528806*8I(‡9;48;(88;4(‡?34;48)4‡;I6I;:I88;‡?;

—Bé —vaig manifestar en tornar-li el pergamí—, em trobe tan a les fosques com abans. Encara que totes les joies de Golconda depenguessen de la solució d'aquest enigma, segurament no arribaria mai a aconseguir-les.

—En canvi —respongué Legrand—, la solució no és, en absolut, tan difícil com es deu imaginar, després d'una primera ullada als caràcters. Aquests signes, com qualsevol pot veure immediatament, formen, una xifra, és a dir, tenen un significat; aleshores, i atés el que se sap de Kidd, no el podia suposar capaç de construir els criptogrames més difícils. Vaig decidir, de seguida, que es tractava d'una xifra molt senzilla, encara que per al poc enteniment del marí, era absolutament indesxifrable sense la clau.

—¿I l'ha desxifrada vosté?

—Fàcilment. N'he resolt d'altres mil vegades més difícils. Les circumstàncies, i certa tendència personal, m'han portat a interessar-me sempre per aquests enigmes, i dubte que una intel·ligència humana puga construir un enigma tal que una altra intel·ligència humana no puga resoldre'l.

De fet, quan vaig haver establit els caràcters de forma ordenada i llegible, poc em preocupà la dificultat de desxifrar-los.

En el cas present —i en tots els casos d'escriptura secreta— la primera qüestió fa referència a la llengua del criptograma, perquè els principis de la solució, sobretot en el cas de les xifres més senzilles, depenen en gran mesura de les peculiaritats de cada idioma.

En general, no hi ha cap altra alternativa sinó experimentar (basant-se en les probabilitats) tots els idiomes coneguts per l'investigador fins a trobar l'adequat. Però, amb la xifra que tenim al davant, totes aquestes dificultats queden eliminades per la signatura. El joc de paraules sobre el mot «Kidd» no es pot apreciar en cap altra llengua només que en anglés.

Si no hagués estat per aquesta consideració, hauria començat els meus intents amb l'espanyol i el francés, que són les llengües en les quals un pirata de l'oceà espanyol hauria escrit probablement aquest secret. Però, per l'anterior fet vaig deduir que el criptograma era en anglés.

Observe que no hi havia divisions entre les paraules. Si hi hagués hagut separacions, el treball hauria resultat comparativament fàcil.

En tals casos, jo hauria començat per un examen i una anàlisi de les paraules més curtes, i si se m'hagués presentat un mot d'una sola lletra, com és més probable (*a* o *I*[2], per exemple), hauria considerat segura la solució. Però, sense separacions, el primer pas va ser buscar quines eren les predominants, i també les menys freqüents. Comptant-les totes, vaig construir la següent taula:

| | | | | |
|---|---|---|---|---|
| Del | signe | *8* | n'hi ha | 33 |
| » | » | *;* | » | 26 |
| » | » | *4* | » | 19 |
| » | » | *)* | » | 16 |
| » | » | ‡ | » | 16 |
| » | » | * | » | 13 |
| » | » | *5* | » | 12 |
| » | » | *6* | » | 11 |
| » | » | *(* | » | 10 |
| » | » | † | » | 8 |
| » | » | *I* | » | 8 |
| » | » | *0* | » | 6 |
| » | » | *9* | » | 5 |
| » | » | *2* | » | 5 |
| » | » | *:* | » | 4 |
| » | » | *3* | » | 4 |
| » | » | *?* | » | 3 |
| » | » | π | » | 2 |
| » | » | . | » | 1 |
| » | » | — | » | 1 |

Ara bé, la lletra que es dóna amb més freqüència en anglés és la *e*. La resta de lletres se succeeixen en el següent ordre: *a o i d h n r s t u y c f g l m w b k p q x z*. La *e* predomina de tal manera, que és difícil trobar una frase

[2] En anglés, *a* i *I* signifiquen, respectivament, *un/una* i *jo*. (N. del T.).

de qualsevol extensió on no hi figure de manera predominant.

Aleshores, tenim, des del principi, una base que representa alguna cosa més que una simple suposició.

L'ús general que es pot fer de la taula és evident, però en aquesta xifra particular, només la usarem parcialment. Com que el signe predominant és el *8*, començarem per considerar-lo la *e* de l'alfabet natural. Per a verificar aquesta suposició, observem, si el *8* apareix amb freqüència per parelles, perquè *e* és doble molt sovint en anglés, en paraules com, per exemple, *meet*, *fleet*, *speed*, *seen*, *been*, *agree*, etc. En aquest cas, el veiem doblat no menys de cinc vegades, encara que el criptograma és breu.

Assumim, doncs, que el *8* és la *e*. Ara, de totes les paraules de la llengua, *the* és la més usual.

Considerem, doncs, si no hi ha repeticions de tres signes, col·locats en el mateix ordre, l'últim dels quals siga *8*. Si descobrim, repeticions d'aquestes lletres, ordenades així, molt probablement representaran el mot *the*.

Feta la comprobació, trobem almenys set combinacions d'aquests tipus, els signes de la qual són *;48*. Podem admetre, doncs, que *;* representa la *t*, *4* representa la *h*, i *8* representa la *e*. Aquest últim punt resulta ara ben confirmat. Així, hem fet un gran pas.

Després d'haver establit una sola paraula, podem assegurar un punt de molta importància; és a dir, alguns començaments i finals de paraules.

Estudiem, per exemple, el penúltim cas, en el qual la combinació *;48* es presenta quasi al final de la xifra. Sabem que el *;* que ve immediatament després és el començament d'una paraula i dels sis caràcters que segueixen a aquest *the*, en coneixem almenys cinc.

Assenyalem, doncs, aquests caràcters amb les equivalències que els representen, deixant un espai per al que ignorem:

*t eeth*

Ací, de moment, podem afirmar que la *th* no forma part de la paraula que comença amb la primera *t* ja que, després d'experimentar amb tot l'alfabet per adaptar una lletra a l'espai buit, convenim que és impossible de formar cap paraula de la qual aquesta *th* en siga part. Aleshores, ens quedem amb

*t ee*

i repassat tot l'alfabet, si cal, com abans, arribem a la paraula *tree* (arbre), com a l'única lectura possible. Guanyem així una altra lletra, *r*, representada per *(*, amb els mots *the tree* juxtaposats.

A poca distància d'aquestes paraules, tornem a veure la combinació *;48*, i la utilitzem com a *terminació* del que precedeix immediatament. Llavors, tenim aquesta combinació:

*the tree ;4(‡?34 the*

o, substituint-les per les lletres naturals que coneixem llegirem així:

*the tree thr‡?3h the*

Si ara, en lloc dels caràcters desconeguts, hi deixem espais en blanc, o punts suspensius, tindrem:

*the tree thr...h the*

i la paraula *through* (per, a través de) es fa evident de seguida. Però, aquest descobriment ens proporciona tres lletres noves, *o*, *u*, i *g*, representades per ‡*?* i *3*

Examinant detingudament en la xifra combinacions de caràcters coneguts, trobem, no lluny del principi, aquesta sèrie:

*83(88* és a dir, *egree*

la qual, clarament, és la conclusió de la paraula *degree* (grau), i ens dóna una altra lletra, *d*, representada per †.

Quatre lletres després de la paraula *degree* trobem la combinació

*;46(;88*

Traduint els caràcters coneguts, i representant els desconeguts per punts, tenim:

*th.rtee.*

combinació que suggereix immediatament la paraula *thirteen* (tretze), i que ens dóna dos nous caràcters, *i* i *n*, representats per *6* i *.

Observant, ara, el començament del criptograma, trobarem la combinació

*53*‡‡†

Traduint-la com abans, obtindrem

*.good*

que ens assegura que la primera lletra és la *A*, i que les dues primeres paraules són *A good* (un bon, una bona).

Ja és hora que ordenem en la nostra clau, tot el que hem descobert, en forma de taula per a evitar confusió. És la següent:

| | | |
|---|---|---|
| *5* | representa | *a* |
| † | » | *d* |
| *8* | » | *e* |
| *3* | » | *g* |
| *4* | » | *h* |
| *6* | » | *i* |
| * | » | *n* |
| ‡ | » | *o* |
| *(* | » | *r* |
| *;* | » | *t* |
| *?* | » | *u* |

Tenim, doncs, representades onze de les lletres més importants, i és innecessari de prosseguir amb més detalls de la solució.

He dit prou per convéncer-lo que els criptogrames com aquest són fàcils de desxifrar, com també per donar-li algun aclariment sobre la lògica del seu procés. Estiga segur, però, que la mostra que tenim davant pertany a una de les formes més senzilles de criptograma. Només em resta donar-li la traducció completa dels caràcters del pergamí tal com l'he desvetlada. Heus-la ací:

*Un bon vidre a l'hostal del bisbe en la cadira del dimo-*

*ni quaranta-un graus i tretze minuts nord-est i pel nord tronc principal setena branca costat est tirar per l'ull esquerre del cap de mort una línia d'abella de l'arbre que passe per la bala cinquanta peus enfora*[3].

—Bé —vaig dir jo—, l'enigma em sembla més caòtic que mai. ¿Com és possible extraure un significat de tot aquest argot sobre «cadires de dimoni», «caps de mort» i «hostals del bisbe»?

—Confesse —replicà Legrand— que l'assumpte sembla molt difícil a primera vista. El meu primer esforç fou dividir la frase segons la divisió natural imposada pel criptògraf.

—¿Vol dir, puntuar-la?

—Una cosa pareguda.

—Però, ¿com pogué fer-ho?

—Vaig pensar que l'autor havia tingut la idea d'ajuntar aquestes paraules sense separació, per augmentar-ne la dificultat de la solució. Ara bé, un home poc intel·ligent, pel fet mateix de perseguir aquest objectiu, tendirà a exagerar l'assumpte. Quan, en el curs de la seua composició, arribava a una interrupció que, naturalment, requeria una pausa, o un punt, s'apressurava a unir els caràcters, en aquell lloc més junts que en altres espais.

Si observa el manuscrit, en aquest cas, detectarà fàcilment cinc casos d'amontonament inusual. D'acord amb aquesta noció, vaig fer la divisió següent:

«Un bon vidre a l'hostal del bisbe a la cadira del dimoni —quaranta-un graus tretze minuts— nord-est i pel

---

[3] El text en anglés diu així: «A good glass in the bishop's hostel in the devil's seat forty-one degrees and thirteen minutes northeast and by north main branch seventh limb east side shoot from the left eye of the death'shead a bee-line from the through the shot fifty feet out». (N. del T.).

nord —tronc principal setena branca costat est— tirar per l'ull esquerre del cap de mort —una línia d'abella des de l'arbre passant per la bala cinquanta peus enfora».

—Fins i tot amb aquesta divisió —vaig dir— no hi veig res.

—Tampoc jo no hi vaig veure res durant uns pocs dies —replicà Legrand—, mentre indagava activament pels voltants de l'illa de Sullivan a la recerca de qualsevol edifici que portàs el nom de «Hostal del Bisbe», perquè, és clar, havia deixat caure la paraula obsoleta «*hostel*». Com que no vaig obtenir informació referent a això, estava a punt d'estendre la meua esfera de recerca i procedir d'una manera més sistemàtica quan, un matí, vaig recordar, de sobte, que aquest «*Bishop's Hostel*» (Hostal del Bisbe) podia fer referència a una antiga família de nom Bessop que, des de temps immemorials, posseïa un antic mas a unes quatre milles al nord de l'illa. En conseqüència, me'n vaig anar a la plantació i vaig rependre les preguntes entre els negres més vells del lloc.

Finalment, una de les dones més majors em va dir que havia sentit parlar d'un indret anomenat Bessop's Castle, i pensava que em podria guiar fins allí, però que no era un castell, ni una taverna, sinó una roca elevada.

Vaig oferir pagar-li bé per la seua molèstia i, després de dubtar-ho un poc, va consentir a acompanyar-me al lloc. El vam trobar sense massa dificultat i, després d'anar-se'n ella, vaig procedir a examinar l'indret.

El «castell» consistia en una acumulació irregular de penya-segats i de roques, una de les quals destacava tant per la seua remarcable altura com per la seua aparença artificial i aïllada. Vaig pujar fins al cim i, aleshores, desconcertat, em vaig preguntar què havia de fer a continuació.

Mentre reflexionava, els meus ulls es fixaren en un estret replà a la cara est de la roca, potser una iarda més avall del cim on em trobava. Aquest replà es projectava unes divuit polzades, i poc més d'un peu d'ample. Un forat de l'espadat, just damunt d'ell, li donava un grosser paregut amb una de les cadires de respatler còncau usada pels nostres avantpassats. No vaig dubtar que era la «cadira del dimoni», a què el manuscrit al·ludia, i em paregué comprendre tot el secret de l'enigma.

Sabia que «el bon vidre» només podia referir-se a una ullera de llarga vista, perquè la paraula «*glass*» (vidre), és rarament emprada amb un altre sentit pels marins. De seguida, vaig veure que es tractava d'usar un telescopi, des d'un punt de vista determinat, que no admetia variació.

Tampoc no vaig dubtar que les frases «quaranta-un graus i tretze minuts», i «nord-est pel nord» eren les indicacions de l'orientació del telescopi.

Molt excitat per aquests descobriments, vaig tornar ràpidament a casa, em vaig procurar un telescopi i vaig tornar a la roca.

Deixant-me caure per la cornisa, vaig veure que només en una posició particular era possible mantenir-se assegut. Aquest fet confirmava les meues idees anteriors.

Vaig procedir a utilitzar el telescopi. No cal dir que els «quaranta-un graus tretze minuts» no podia al·ludir a res més que a l'elevació sobre l'horitzó visible ja que la direcció horitzontal quedava clarament indicada per les paraules «nord-est i pel nord».

Immediatament, vaig establir aquesta direcció amb una brúixola de butxaca. Després, apuntant el telescopi el més possible a un angle de quaranta-un graus d'elevació, el vaig moure amunt i avall cautelosament. Així, fins que em cridà l'atenció un badall o obertura circular en el fullatge d'un gran arbre que, des de lluny, destacava per damunt de tots.

Al centre d'aquest clivell, vaig percebre una taca blanca que, al principi, no podia distingir què era. Ajustant el focus del telescopi, vaig mirar una altra vegada, i vaig distingirhi un crani humà.

Aquest descobriment, m'emocionà tant que vaig considerar l'enigma resolt, perquè la frase «tronc principal, setena branca, costat est» únicament es podia referir a la posició del crani sobre l'arbre, mentre que «tirar per l'ull esquerre del cap de mort» admetia també una sola interpretació, relacionada amb la recerca d'un tresor enterrat.

Vaig comprendre que es tractava de deixar caure una bala per l'ull esquerre del crani, i d'estendre una línia d'abella, o, en altres paraules, una línia recta, des del punt més pròxim al tronc a través de la «bala» (el lloc on caigués la bala), fins a una distància de cinquanta peus, que indicaria un punt definit. Per sota d'aquest punt, vaig pensar que era molt possible, que hi hagués amagat un depòsit valuós.

—Tot això —vaig dir— és excessivament clar i, encara que enginyós, molt senzill i explícit. Però, després d'anarse'n de l'«Hostal del Bisbe», ¿què va fer?

—Quan em vaig haver assabentat molt detalladament de la ubicació de l'arbre, me'n vaig tornar a casa. A l'instant que deixava la «cadira del dimoni», el badall circular desaparegué; per més que em girava no el vaig tornar a veure.

El fet més enginyós de tot l'assumpte era que (i repetits experiments m'han convençut que és així) l'obertura circular en qüestió només és visible des d'un punt de mira, aquell que ofereix l'estret replà d'aquella part de la roca.

En aquesta expedició a l'«Hostal del Bisbe», m'acompanyà Júpiter, que sens dubte observava, des de feia setmanes, la meua estranya conducta, i tenia molt de compte de no deixar-me sol.

No obstant això, l'endemà em vaig alçar molt enjorn i, deixant-lo al llit, me'n vaig anar cap a les muntanyes a buscar l'arbre. Després de molt de treball, el vaig trobar.

A la nit, en tornar a casa, el meu criat es proposava d'apalissar-me. La resta de l'aventura crec que la coneix tan bé com jo.

—Supose —vaig dir jo— que devia errar la primera excavació per l'estupidesa de Júpiter, que deixà caure l'escarabat per l'ull dret en compte de l'ull esquerre del crani.

—Precisament. Aquest error donava una diferència d'unes dues polzades i mitja a la «bala», és a dir, a la posició de l'estaca més pròxima a l'arbre; si el tresor hagués estat sota la «bala», l'error no hauria tingut importància; però la «bala» i el lloc més pròxim a l'arbre eren simplement dos punts per establir una línia de direcció.

De fet, l'error, encara que insignificant al principi, augmentava segons allargàvem la línia, i quan havíem anat cinquanta peus, ens havíem allunyat completament del lloc.

Si no hagués tingut la profunda convicció que hi havia un tresor enterrat en alguna part, hauríem fet tot el treball en va.

—Però ¡que estranya era la seua grandiloqüència i la seua manera de bellugar l'escarabat!... Estava segur que era boig. ¿I per què va insistir a deixar caure l'escarabat, en compte d'una bala, pel crani?

—Si he de ser-li franc, em sentia un poc molest per les seues evidents sospites respecte al meu estat mental, i vaig decidir de castigar-lo calladament, a la meua manera, amb un poc de mistificació. Per aquesta raó, feia pegar voltes l'escarabat i, també per això, el vaig fer deixar caure des de l'arbre. Una observació seua sobre el gran pes de l'insecte em va suggerir aquesta idea.

—Sí, ja ho entenc; ara, només hi ha un punt que m'intriga. ¿Què hem de pensar dels esquelets trobats al clot?

—Aquesta és una pregunta que cap dels dos no podem contestar. Em sembla, però, que només hi ha una manera plausible d'explicar-ho... i és espantós haver de creure una atrocitat tal com la meua suggestió implicaria.

És clar que Kidd —si realment és Kidd qui amagà aquest tresor, cosa que a mi em sembla evident—, segurament havia de necessitar ajuda en el seu treball. Però, una vegada acabada aquesta tasca, devia pensar que era convenient eliminar tots els participants en el seu secret. Potser, mentre els seus ajudants s'ocupaven del clot, n'hi hagué prou amb un parell de colps d'aixada; tal vegada en necessità una dotzena... ¿Qui ho contarà?

# PROPOSTES DIDÀCTIQUES

## 1. CREACIÓ LITERÀRIA

1.1. Creació d'històries.

—Les històries diferents:

A partir del fragment que ara transcrivim de la pàgina 45, doneu-li un final lògic i diferent al del relat:

«...Havíem excavat tot el cercle de quatre peus de diàmetre per complet,... No aparegué res.

El buscador d'or, que em feia molta llàstima, eixí finalment del pou, amb la més amarga decepció impresa en cada tret del seu rostre,... després de llevar-li el boç al gos, tornàrem silenciosament cap a casa».

1.2. Convertiu-vos, per uns moments, en ......................... Poe (poseu el vostre nom en l'espai en blanc) i tracteu de crear un o més misteris semblants al narrat per l'autor d'aquesta obra.

1.3. ¿Coneixeu la troballa o l'anècdota d'algun tresor ocult al vostre poble o ciutat (les olles d'or a les parets o sota la rajola)? Conteu-les si no és descobrir cap secret; si ho és, inventeu-vos-les.

1.4. Ara, coses a fer després de llegir l'obra:
1.4.1. ¿Quines coses us han agradat més de la història? ¿Per què?
1.4.2. ¿Quines us han agradat menys? ¿Per què?
1.4.3. Resumiu i assenyaleu algun dels paisatges de l'obra. En quina pàgina o pàgines es troba i quin és; reproduïu-lo textualment.
1.4.4. De tots els moments de la novel·la, ¿quin us ha interessat més? ¿Us hauria agradat estar allí participant en els fets? ¿Per què?
1.4.5. Digueu quin és el tema, (o doneu-li un altre títol) que resumesca molt bé el llibre.

1.4.6. No ens n'hem recordat de resumir, en poques ratlles, l'argument del relat, ¿voleu suplir aquest oblit?
1.4.7. Llocs, temps, època en què es desenvolupa l'acció.

1.5. ¿Quina és la relació entre els personatges (amistat, amor, odi...)?

¿Quin és el més divertit? Citeu les frases d'aquest que més us agraden.

Paper que té cada personatge en aquesta història.

¿Amb quin us identifiqueu més i per què? ¿Amb quin menys i per què? Si no us identifiqueu amb cap d'ells, inventeu-vos, en poques línies, el vostre model ideal.

1.6. Ompliu aquesta fitxa, física i psicològica, de cadascun dels personatges principals del relat.

Nom .......................... Cognom ..........................
Ofici .......................... Lloc de naixement ..........................
Lloc de residència ..........................
Trets físics ..........................
Trets psicològics ..........................
Paper ..........................
Gusts personals ..........................
Altres aspectes ..........................

## 2. RELACIÓ INTERDISCIPLINAR I DESENVOLUPAMENT DE LA CREATIVITAT INDIVIDUAL I COL·LECTIVA.

—Construïu, en una cartolina consistent, el fragment o anècdota de *L'escarabat d'or* que més us haja agradat. Amb aquest material tindrem una baralla de naips que ens servirà per a reconstruir aquesta obra. Barallareu els naips i en repartireu un a cada alumne. Un alumne començarà la narració contant-nos l'episodi que ha dibuixat en la carta que li ha tocat. En acabant, un altre, enllaçarà la història de la carta que té a les mans amb l'aventura precedent, i així fins al final.

—Si teniu, a més, una bona mà per al dibuix, les vostres cartes poden decorar la classe o fer una exposició monogràfica sobre l'obra.

—Com a conclusió del treball, i ara per tot el grup, podeu numerar les cartes de la narració d'una manera lineal perquè es puga seguir l'ordre de l'acció.

2.1. La lectura d'aquest llibre us ha aportat algun coneixement específic:

—Informació històrica, religiosa, moral, artística, botànica, científica, política... assenyaleu-la amb cites del text que ho corroboren.

3. CONTEXT SÒCIO-CULTURAL DE L'OBRA O DE L'AUTOR.

3.1. Busqueu en una enciclopèdia:
- •Qui era Swammerdamm
- •Qui són els hugonots
- •Què és un tuliper

3.2. Hom diu que Poe, és l'antecessor de Sherlock Holmes; ¿creieu que ho és? ¿Per què?
3.3. Sobre l'autor, consulteu el pròleg i altres llibres:
3.3.1. Si Poe visqués actualment, ¿penseu que la seua biografia és adient per a eixir a les revistes del «cor» com *Hola*, *Pronto*, etc.? Confeccioneu, amb la informació que teniu de Poe, a la manera d'article periodístic, alguna de les xafarderies que hi dirien sobre aquest autor.
3.3.2. Elaboreu, amb l'ajuda del pròleg, la biografia de Poe, però afegiu-li de la vostra pròpia collita una miqueta de gràcia. Feu un relat amb coses que imagineu de la seua vida. No importa massa, millor encara, diríem que és molt interessant, si us n'inventeu.

Comenceu així:

—Va nàixer...

3.3.3. Utilitzeu la vostra imaginació i feu un retrat per escrit del físic, la vestimenta, els hàbits, els costums, el caràcter, etc., d'Edgar Allan Poe. Si no s'adiu a la realitat, no importa.

4. CRIPTOGRAMA SECRET.

4.1. En *L'escarabat d'or* es demostra com solucionar un criptograma, ¿per què no feu vosaltres ara el mateix? Ací en teniu un. Va, us hi donem unes ajudetes:

—La llengua d'aquest serà la mateixa que aquella que esteu llegint ara.

—Cada paraula va separada per espais en blanc. A més, us hem posat sota el símbol una ratlleta on ficareu la lletra corresponent.

—Cada símbol representa una lletra, sempre la mateixa.

—Els símbols de puntuació ("‚.'—?) no equivalen a cap lletra. Es representen a ells mateixos i, per tant, són un ajut molt important.

—No hem posat els accents ni les majúscules on calen; feu-ho vosaltres, per favor.

—Us hem posat, a la primera i segona línies, quasi tots els símbols i la seua correspondència; n'hi ha uns pocs símbols, dels quals no donem l'equivalència per tal que els descobriu pel sentit.

—Només us queda desxifrar (feu una columna amb els símbols, sense repetir-los, i al seu costat la lletra corresponent) i descobrir quin n'és el missatge secret. Ací el teniu, ¡que no siga res!:

*19*$Λ$ !I1 $7 &Λ59*5&5 */+=1, 9/ 1+*

Encara que al principi coste, no és

*58&/++5>71 #1+*/>Λ5Λ 17 85+=1Λ5.*

impossible descobrir __ _______.

!I59 1+ 17 +1*Λ1= #'$!I1+=

____ __ __ ______ _'______

*Λ5&=/3Λ$8$? 17 +1*Λ1=, 1+

___________? __ ______, __

#1+*/> Λ5Λ $ !I59$ 771=Λ$ 1!I5%$7

_____ _ ___ _ _____ ______ _______

*$#$ +58>/7, 7$ Λ1+=$ 1+ >19 2$*57.

____ ___ _ __, __ _____ __ _ __ _____.

+5 6$ 4/ 41I $*/9+13I5=, 7'19538$. 6$

__ __ __ ___ __________, _'______ __

4$ #15X$= #1 +1Λ-4/ 5 =$8>1 17

__ ______ __ ___-__ _ ___ _ _ __

85++$=31.

________.

4.2. Si heu descobert la solució de l'enigma anterior, ¿per què no canviem de papers i us inventeu ara vosaltres un criptograma? Penseu un missatge secret, i a cada símbol li atorgueu una lletra, i només una. Després, els criptogrames creats individualment per vosaltres, intercanvieu-vos-els per parelles i si la cosa va bé, podeu organitzar-hi un concurs de criptografia (a la classe, a la revista del centre, etc.) com aquell que realitzà Poe al *Graham's Magazine* del seu país.

5. JOC DE L'ESCARABAT.

5.1. Narreu, linealment tot el relat fins arribar a la casella 48. Recordeu que el cofre apareix dues vegades. La primera quan el desenterren, casella 27, i la segona quan Legrand explica al narrador la resolució del secret.

5.2. Ara, avanceu contant tot el que passa però segons la sort. Sempre, però, haureu d'explicar què esdevé en la narració en la casella on caigueu. Si no ho sabeu, torneu a la jugada anterior.

Penetrem en el secret de *L'escarabat d'or*. El nostre recorregut té, però, unes normes de joc.

En aquest joc, en podeu jugar un, dos o tota la classe, sense cap límit d'edat. Només cal que us fabriqueu una fitxa i un dau per a cadascú.

El torn d'eixida s'efectuarà tirant el dau i l'ordre quedarà regulat per les puntuacions més elevades.

Si la fitxa entra en una casella on hi ha un escarabat es passarà a l'escarabat següent més immediat i es tornarà a tirar tot dient:

«D'escarabat a escarabat, canvie de forat»

Si la fitxa cau en la casella on hi ha una calavera, la 14, 17, 33 i 43, heu d'esperar que algú altre ocupe el vostre lloc i s'hi quede:

«L'has errat, la mort t'ha tocat».

Si la fitxa cau en la casella on hi ha dues calaveres, torneu a començar.

Si el dau us porta a la cabana 8 o 18, avanceu a la cabana següent, tot dient:

«De cabana a cabana, passe perquè tinc molta gana». Us hi quedeu recuperant forces dues tirades. Si caigueu a la 28, torneu a l'anterior però no perdeu cap tirada.

Si als números 15, 24, 29 i 45, no contesteu correctament en quina situació del relat us trobeu, meditareu durant tres jugades.

Si durant la partida arribeu en una casella ocupada per un altre jugador, aquest passarà al lloc on éreu abans vosaltres.

Guanya la partida qui primer arriba a la casella 48 amb una

tirada exacta, si no retrocediu en caselles tants punts com us en passeu.

5.3. I ara, ¡relaxeu-vos! Jugueu com un joc més; no cal que conteu res, però apliqueu les regles anteriors del joc.

# GLOSSARI

ACOMIADAR (en el text). Dir adéu.
ADONAR-SE. Fixar-se, distingir, notar.
AFER. Assumpte, negoci, problema.
AGAFAR. Agarrar, abastar, assegurar.
ALESHORES. En aquell moment, en tal cas, per això, d'aquesta manera.
AMAINAR (en el text). Minvar, calmar, disminuir un desig, malaltia, etc.
APROFUNDIR (en el text). Profunditzar, excavar.
ARGOT. Llenguatge, parlar.
ARRACADA. Penjoll, ornament que es posa a les orelles.
ASSEURE. Vegeu SEURE.
ASTORAT. Espantat.
ATABALAT. Transtornat, esbalaït, desconcertat.
ATERRIT. Espantat.
ATORDIT. Atabalat, torbat, desconcertat.
ATURAR. Retenir, parar.
ATZABEJA. Varietat de lignit negre, lluent.
AU. Ocell.
BACANAL. Orgia tumultuosa.
BADALL. Escletxa, clivell.
BESTIOLA. Animalet, insecte.
BIVALVE. Que té dues valves o que s'obre en dues valves.
BLEDA (en el text). Badoc, babau.
BOÇ. Mordassa.
BOCÍ. Trosset.
BOGERIA. Demència, anormalitat.
BOSCAM. Bosc, boscatge, selva.
BRAMAR. Cridar.
BRUNYIT. Polit, abrillantat, llustrat.
CAIRE. Aspecte, aparença, perspectiva.
CALAIX. Caixó, caixa.
CANELOBRE. Candeler.
CAPRICI. Capritx, desig.
CIM. Pic, elevació, puig.
CISELLAT. Treballat, esculpit.
CLIVELL. Escletxa, fissura.
CORROMPUT. Passat, pestilent, corrupte.
CRIPTOGRAMA. Text o paraula escrita en caràcters secrets, en llenguatge xifrat.
CURA (en el text). Compte, atenció; encarregar-se, assistir.
DALLA. Eina per a segar formada per una fulla de ferro amb tall per una vora, més llarga que una falç, i fixada per un cap amb un mànec llarg.
DÈRIA. Idea persistent, obsessió.
DONCS. En conclusió, així, en resum.
EINA (vegeu ESTRI).
ÈLITRE. Ala de certs insectes endurida i que no serveix per a volar.
ENCAIXAR (en el text). Donar la mà.
ENCENSER. Braseret.
ENFILAR-SE. Pujar.
ENGINYÓS. Intel·ligent, astut, despert.
ENLLUERNAR. Ofuscar la vista amb una llum massa viva; fascinar.
ENTOMOLÒGIC. Relatiu o pertanyent a l'entomologia, branca de la zoologia que estudia els insectes.
ESBARZER. Planta proveïda, en les tiges, de punxes en forma de corbella i de fruit les mores; bardissa.
ESCORÇA. Coberta, corfa, pela.
ESDEVENIMENT. Fet, succés.
ESGARRAPADA. Arrapada, rascada.
ESPADAT. Abisme, escarpat.
ESTIMBAR. Caure d'una certa altura, d'un precipici.
ESTOIG. Capsa, caixa, cofret, plomer.
ESTONA. Lapse, moment.
ESTRI. Eina, instrument, utensili.
FAL·LÀCIA. Mentida, engany.
FORRELLAT. Barra de ferro subjectada horitzontalment a una porta per tal que faça de tancadura.

FOTJA. Gallina d'aigua.
GAUDIR. Fruir, delectar-se, disfrutar.
GRATAR. Llimar, raspar, rascar.
GREU. Seriós, crític; pesat; important.
GUILLAT. Boig, cap de pardals, sonat.
HISSAR. Elevar, pujar.
IARDA. Mida equivalent a 91'44 centímetres.
ÍNDEX. Exponent; signe, senyal; taula.
INDRET. Lloc, terreny, part.
JONC. Gènere de plantes herbàcies de la família de les juncàcies.
JUPETÍ. Peça de vestir, sense mànegues que cobreix el pit i l'esquena que se sol posar dessota de l'americana, etc.
JUTJAR. Dictaminar; sentenciar.
LLADRUC. Crit del gos.
LLANTERNA. Fanal, llum.
LLAR. Foc, xemeneia, braser, fogó.
LLIURA. Mesura equivalent a 453'6 grams.
LLUÏSSOR. Reflexos d'una cosa lluminosa o que reflexa la llum.
MALENCONIA. Tristesa, tedi, pena.
MALGRAT. No obstant, sense que, a pesar de.
MARAGDA. Gemma de color verd brillant, de gran duresa.
MARGALLÓ. Palma espinosa, arbust.
MASEGAR. Aixafar, arrugar.
MENA. Espècie, tipus.
MESCLADISSA. Confusió.
MILLA (en el text). Mesura itinerària que equival a 1.609'3 m.
MISANTROPIA. Insociabilitat.
NUÓS. Que té nucs, (en el text, la soca d'un arbre).
OBLONGA. Llarga.
ÒPAL. Mineral amorf que es presenta en masses disseminades, usat en joieria.
PARER. Opinió, judici.
PENYA-SEGAT. Escarpat, abisme.
PESANT. Que té molt de pes específic.
PEU (en el text). Mesura de longitud corresponent a 30'48 centímetres.
POLZADA. Mesura equivalent a 2'54 centímetres.
POSAT (en el text). Aspecte exterior que es representa davant algú.
PUJOL. Elevació del terreny, puig, muntanya.
REBRE (en el text). Tenir.
REBREGAR. Arrugar.
RECERCA. Investigació, examen, indagació.
REPUSSAR. Treballar una placa metàl·lica, cuir, etc, amb el martell per a traure un dibuix en relleu.
RESPATLER. Part d'una cadira, d'un banc, etc, que serveix per a recolzar-hi l'esquena.
REVIFAR. Fer adquirir nou vigor, nova vida.
ROBÍ. Mineral, varietat de corindó de color roig, degut a quantitats menudes de crom, apreciat en joiera.
SAFIR. Mineral, varietat del corindó, de color blau intens, utilitzat en joiera.
SEIENT. Lloc on se seu, cadira, banqueta.
SEMBLAR. Aparentar, paréixer.
SEURE. Descansar el cos en un seient (cadira, etc.).
SOBTE, DE. D'improvís.
SOSPITA. Dubte, suposició.
SUPERB. Bell, sublim, exquisit, perfecte.
TARQUIM. Fang.
TRET (en el text). Línia del rostre característica.
TRUCAR. Colpejar (una porta), fer sonar (un timbre, un telèfon).
TULIPER. Gènere d'arbres caducifolis amb fulles lobulades i de contorn poligonal, i amb flors de color groc verdós, oloroses, semblants a tulipes.
VAIXELL. Nau, embarcació.
XALUPA. Embarcació menuda, amb coberta i dos pals, usada generalment per al servei d'un vaixell o d'un port.
XEMENEIA. Fumeral; llar, foc.
XIFRA (en el text). Criptograma.
XIMPLET. Babau, badoc, estúpid, idiota.
ZEL. Interés, fervor.

ÍNDEX